Dans l’enfer des foyers

Lyes L.
Avec la collaboration de Sophie Blandinières

Dans l'enfer des foyers

Flammarion

Ouvrage publié sous la direction de Zaïna Izabachene

ISBN : 978-2-0812-9374-8

À tous les enfants placés

« Vous ne m'enlèverez pas de la tête que c'est pas des enfants comme les autres…

D'abord on ne sait pas d'où ils viennent. »

L'Enfance nue, Maurice PIALAT.

Prologue

C'est comme ça. On ne choisit pas, on naît ici ou là. Et en fonction du « ici » ou du « là », on regrette ou pas. On a envie de hurler : « Eh, j'avais rien demandé » ou : « Merci, c'est pas mal. » Un cadeau ou un boulet, la vie varie selon.

On me dit souvent que je suis courageux. Ça devrait me faire plaisir, pourtant, je réponds invariablement : « Ce n'est pas comme si je pouvais faire autrement, moi, je marche ou je crève. » Se débrouiller, seul. Grandir en sachant que la vie m'attend avec un bâton et qu'elle me cognera le museau dès qu'elle en aura l'occasion. C'est facile de me toucher, je n'ai pas de refuge, aucune niche où aller me mettre en boule.

Je suis né sans toit. Je dépends de l'État, de cette république qui prône la liberté, l'égalité, la fraternité à certains, mais l'inverse à d'autres. Comme je n'ai pas de père, que ma mère a des problèmes psychiatriques, que le reste de ma famille ne veut pas de moi, je rentre dans le giron de l'administration. Jusque-là, tout va mal. Puis à partir de là, tout va mal. Encore plus mal.

La logique officielle, le discours ressassé : tout est fait pour mon bien.

Mais je ne suis pas dupe. Les droits de l'enfant, son intérêt, passent toujours après ceux des adultes. J'en ai rapidement pris conscience. Il suffit qu'un adulte trouve un enfant un peu gênant ou déstabilisant pour qu'il soit puni, qu'on l'arrache de là où on l'avait balancé, qu'on le recadre salement. Il suffit qu'il se permette le désespoir cinq minutes pour qu'on le latte gravement.

Bien sûr, c'est vicieux, ça ne peut pas s'arrêter. Plus on est agressé, plus on devient méchant. De toute façon, il faut se fortifier, savoir montrer les dents, se défendre contre l'adversité. Autrement elle va t'écraser, elle ressemble à une montagne.

On a bien essayé de me décourager, mais, finalement, je m'en suis sorti. J'ai même réussi à arriver jusqu'ici, à trouver la voie jusqu'à vous. J'ai eu de la chance et je l'ai saisie à pleines mains pour vous raconter mon histoire d'enfant placé, mon parcours de sans-famille au milieu des crachats des comme moi et des autres, sous le joug d'un État qui gère au pire, dans la maltraitance des adultes. Ce récit n'est pas une thérapie dont vous seriez le divan, car je n'ai jamais imaginé guérir de tout ça, mais une alerte sérieuse, un devoir de parler pour les autres.

On dit qu'un pays qui maltraite ses vieux condamne son avenir. Mais qu'en est-il alors d'un pays qui maltraite ses enfants ? Ce n'est pas son passé, déjà mort, qu'il met en péril, mais son âme.

Prologue

On dit que les enfants doivent être placés quand les parents sont défaillants. Mais ces parents ne sont-ils pas toujours mieux que des inconnus défaillants ?

On dit que les adultes qui font des enfants savent ce qu'ils font. Pourquoi alors des parents sont-ils défaillants ?

On dit qu'il y a beaucoup de moyens attribués à l'Aide sociale à l'enfance. Pourquoi alors entasse-t-on les enfants sans distinction d'âge ou de sexe dans des foyers qui font froid dans le dos ?

On dit que les adultes savent ce qu'ils font, c'est ce qui les distingue des enfants et des adolescents. Pourquoi font-ils le mal alors ?

On dit que les gens désintéressés existent, que la bonté a été inventée pour les gamins malheureux comme moi. Pourquoi alors faut-il payer les familles qui nous accueillent ?

Ces questions, peut-être que vous vous les poserez, comme moi, après m'avoir lu. Alors, j'aurai gagné, pour moi, pour les autres.

0

Bouffon bouffi

Son écriture est illisible. Et pourtant j'ai l'habitude, j'ai un paquet de lettres dans cette pochette. Parce qu'elle n'a jamais cessé de m'écrire. En fait, je n'ai jamais compris ce qu'elle me disait. Même dans les moments de bonne volonté, quand ma colère s'atténuait un peu, je n'y arrivais pas. J'avais beau lire et relire, saisir les mots, entendre les phrases, je plongeais à chaque fois mes yeux dans du noir. La couleur de mon histoire.

C'est bizarre, on dirait qu'il n'y a personne derrière ces lignes. Ou plutôt un fantôme douloureux qui tente des soubresauts grotesques à l'encre.

Il y a ma mère. Elle est tout entière dans cette pochette où je conserve des bribes d'identité dans l'espoir de tout recoller.

Pourtant, ma mère n'est pas là, elle n'a jamais été là. Physiquement, elle existe, oui, mais tout le reste a disparu, une partie de son esprit s'est barrée battre la campagne. Sans moi. À sa décharge, elle ne pouvait pas m'emmener, ce n'est pas un endroit pour les enfants.

Là où elle m'a abandonné non plus, seulement, elle ne le savait pas. C'était censé être le bon côté, le plus sûr pour un bébé. Souvent, il y a tromperie parce que la sagesse a un problème de dyslexie.

Les adultes avec lesquels ma mère a dû me laisser, les normaux, les sains d'esprit ne le sont pas. Autrement, ils ne me feraient pas ça. Ils n'essaieraient pas de m'enfermer dans les lettres de ma mère, dans ses traits étranges, ils arrêteraient de me filer des médocs comme si c'étaient des bonbons.

Il faut être fou pour shooter un enfant afin qu'il reste tranquille, dans le seul but d'évacuer le problème. Les éducs spé manquent en France, mais pas les armoires à pharmacie. Ma tête ressemble à un cachet.

On a fait des Photomaton aujourd'hui avec le foyer. L'occasion de bien se foutre des plus moches, des plus ridicules, des plus faibles. Et, moi, j'en fais partie avec mes peluches, ma gueule, et mon corps enflé par la science, mon regard noyé. Je me rends compte, il me reste cette conscience-ci, pas encore grignotée par les cachetons, de combien je suis laid depuis longtemps.

On dirait que les gribouillis, les délires de ma mère m'ont enfanté. Je ressemble à un monstre qui ne peut plus le cacher. Pour arrêter la transformation, j'ai supplié plusieurs fois qu'on me dispense de traitement, ou bien qu'on diminue les doses. Mais on me répond toujours : « Ce n'est pas à toi de décider. On suivra ton avis quand tu te seras calmé. »

Je suis calme pourtant. Trop calme même. D'abord parce que je suis complètement défoncé, ensuite parce que je suis corpulent et que je me laisse aller.

Je suis la risée des autres gamins avec mon air abruti et mal fini. Cette histoire de photos d'identité m'a valu des claques et des insultes.

Je continue de les entendre et, pourtant, je les connais par cœur. Elles sont quotidiennes, se diffusent dans mes oreilles comme le refrain d'un classique de la chanson. Je ne pourrais pas dire qu'elles me bercent ou que je les ai apprivoisées, mais elles me sont familières. Il y a « sale pédé », « bouffon », « la grosse », « le nain »... Ça sort de la bouche des caïds du coin, les grands qui ont confiance en eux et qui se font obéir en installant leur autorité. M'insulter fait partie de la méthode, après les coups, avant ou pendant. Le système est clair, il apparaît d'emblée, c'est la force.

Pour se faire une place au foyer, il faut des attributs, comme une personnalité, une taille imposante, la hargne des chiens méchants, ou une légende qui raconte un truc horrible. L'idée ici, c'est de faire peur aux autres. Je n'en suis pas capable. Résultat : c'est moi qui ai peur.

Je ne me fais pas remarquer, j'essaie de m'isoler, de me cacher pour ne pas trouver les coups. Mais ça ne suffit pas. Certains ont pris l'habitude de m'afficher, de rire à mes dépens, c'est un peu comme leur récré, leur petit plaisir, leur biscuit. Et quand ils m'oublient, parce qu'ils sont occupés ailleurs, avec un autre gamin à persécuter, ils libèrent le terrain de l'outrage pour leurs anciens souffre-douleur, ceux dont ils se sont lassés mais à qui ils ont montré l'exemple.

Les ex-faibles ne sont pas les moins dangereux : ils rencontrent enfin l'occasion de se venger, de prouver qu'ils sont forts. En tout cas, plus que moi.

La brume des cachets n'endort pas les hématomes, seulement mon cerveau qui me donne l'impression d'être un gros invertébré flottant dans un aquarium. Je ne suis pas là, pas assez, les médicaments ont bâti d'épaisses cloisons entre le monde et moi. Malgré tout, je suis assez présent pour entendre la saloperie, voir la misère, sentir les mains sur moi, toucher le fond, renifler l'odeur de malchance.

Peut-être y a-t-il une malédiction, une condamnation à la survie forcée avant même la naissance. Mon grand-père est mort à La Mecque, il paraît que là est l'origine du mal. Après, rien ne pouvait bien se passer, tout était détruit, toute la descendance. Moi, je trouve ces histoires étranges. J'ai un peu de mal à imaginer que la mort d'un homme peut déclencher un aussi grand désastre. Le grand-père était sacrément important pour avoir eu la clé de la boîte de Pandore.

Je ne sais pas ce qui s'est réellement passé. Le scénario de ma naissance pourrie au mauvais endroit est obscur, il y a nécessairement plusieurs séquences, plusieurs explications. On ne me dit rien, à moi, depuis que je suis petit. La connaissance est un privilège qui me paraît totalement inabordable.

Bouffon bouffi

Dans ses lettres que j'ai brouillées avec mes larmes, ma mère ne m'éclaire pas. Et, quand je la vois, c'est en présence d'un autre adulte pour s'assurer que je ne puisse pas avoir d'intimité avec elle, et c'est encore pire. J'essaie de l'interroger. Mon esprit cotonneux arrive toujours à formuler des questions. Elle répond, mais à côté. Ses phrases incompréhensibles tombent et plombent mon ignorance. Ça se finit toujours de la même façon. Je les regarde, elle et son air suspendu et fou, puis je me demande ce que je fais là, ce qu'elle est. Je voudrais la reconnaître, me dire « c'est ma mère », je viens de là.

Mais « là » sonne vide, « là » sonne mort. Ma mère est un fossé dans lequel on a enterré mon existence.

1

CUL-DE-SAC

Le banc est dur sous mes fesses. L'attente ne favorise pas le confort. Je risque de prendre racine ici : j'y ai passé toute la matinée, l'heure du déjeuner sans déjeuner et l'après-midi entière. J'ai eu le temps de grandir encore de quelques millimètres. On grandit vite quand on a 14 ans. Les gamins comme moi, les mauvaises herbes, ont tendance à pousser partout, sans eau, même sous des lampes blafardes, seuls dans des couloirs froids. N'importe où est notre environnement naturel, nous qui passons notre vie en transit, de là, où l'on ne nous veut pas, à ici, où l'on nous veut encore moins.

On ne peut pas dire que les bureaux de l'Aide sociale à l'enfance aux Mureaux soient super-chaleureux. Ce n'est pas fait pour ça, me direz-vous. L'administration n'a pas de bras ou s'en sert comme de pieds. Quand elle a une bouche, ce qui en sort n'est ni audible, ni cohérent. Là, elle ne sait pas très bien quoi dire. Me concernant, elle a bégayé, crié, et maintenant elle hésite, elle n'a pas de réponse. La question ? Que faire de moi ? Où me mettre ?

On ne veut plus de moi nulle part et la bonne femme irritée qui finit par me « recevoir » est en boucle : « On ne sait pas où tu vas dormir ce soir, on n'a pas de place. » Normal qu'elle ne trouve pas de lit pour moi dans aucune structure, les structures d'hébergement d'urgence sont toujours blindées et, à cette heure-là, elles n'ont plus envie de faire de la place pour des éléments aussi « perturbateurs » que moi.

Je les connais pour les pratiquer depuis ma naissance. Elle a dû dire du mal de moi, me faire passer pour un diable, un sheitane fouteur de merde, dégénéré et pyromane, lister mes charmes multiples et raconter qu'on m'a retiré ce matin de ma famille d'accueil – un trop grand mot pour un homme seul –, parce que ça se passait mal.

*

Je les connais, ils exagèrent toujours tout. Je ne l'ai ni battu ni tué Denis, mon fermier. OK, je l'ai menacé avec un couteau, ce qui paraît agressif, mais de là à me rendre entièrement responsable de sa dépression, c'est vraiment de la pure mauvaise foi. Fatigué, il est allé voir un médecin qui, au bout d'un moment, lui a demandé s'il gardait un jeune. En répondant « oui », il a percuté. Alors, à eux deux, ils ont trouvé la solution, le remède, la décoction magique : mon départ.

Il n'aura pas tenu longtemps : un mois et demi. Et il a décidé de commencer son traitement, ma disparition, ce matin. À 20 heures, il a prononcé la phrase de rupture : « Je ne veux plus de toi ici », puis il a exposé ses arguments que j'ai écoutés, blasé. « J'ai eu plein de jeunes ici, il n'y a qu'avec toi que ça se passe mal. » Oui, ça aussi, je connais, faire partie des cas particuliers parmi les cas particuliers, les pires parmi les pires. Pourtant, sincèrement, Denis a dû avoir beaucoup de chance pour n'avoir pas croisé plus difficile que moi. Je suis un agneau comparé aux autres, ceux qui étaient au foyer avec moi. Tout est relatif, c'est bien ça le problème d'ailleurs : la société ressemble à une somme de relatifs qui ne sont jamais à l'avantage des « cassos » comme nous.

On ne peut pas toujours être compatibles.

Mais, selon eux, si, il faudrait.

Il faudrait s'estimer heureux à chaque fois de trouver un toit et ne pas se plaindre si le lit n'en est pas un, si la famille n'en est pas une, si la gentillesse fait défaut. Il faudrait ne rien dire, ne pas comparer, ne pas penser à ce qui devrait être, oublier ce à quoi les enfants « normaux » ont droit. Surtout, laisser tomber le mot « norme » avec le bruit de ses guillemets. Nous, les gamins placés, sommes toujours un peu déplacés. Pour nous départager, nous sommes marqués par un numéro de dossier à plusieurs chiffres. Le numéro ne dit rien de l'origine, il l'abolit comme si notre histoire s'était déjà passée sans nous et soldée avec des lignes de comptes. Négatifs.

Avec Denis, ça ne passait pas. En le voyant la première fois, j'ai pensé à un gardien de prison. Grand, l'air un peu bêta, peu expressif, et sale. Sa chemise écossaise n'avait pas été lavée depuis très longtemps et ses bottes 46 fillette étaient impressionnantes tant elles étaient crottées. Des matelas marron sous les semelles avec quelques brins d'herbe dépassant amortissaient chacun de ses pas de géant vert et rendaient sa démarche encore plus grossière. Il m'a fait visiter la maison. Dans ses appartements à lui, sa piaule puait grave. Les pieds, les aisselles aussi… La salle de bains ne servait pas et, dans cette maison, je n'ai presque jamais entendu l'eau couler dans la vieille tuyauterie.

D'emblée, je me suis senti mal à l'aise dans cette grande baraque sale et datée. Ni sa maison ni lui ne m'attendaient vraiment, ça se sentait. À part des pommes frites en forme de sourires qu'il m'a servies au dîner, et le geste m'a fait plaisir, il n'avait rien préparé pour moi. Pas même une chambre correcte.

J'avais posé la question. « Est-ce que j'aurai une chambre ? », je la pose à chaque fois. Ça peut paraître idiot, mais avoir une chambre, un minimum confortable, propre, c'est important pour moi. Chez lui, les fenêtres n'étant pas plus grandes que des fenêtres de prison, la lumière naturelle était rare partout. À l'étage, il n'y en avait plus du tout, il fallait allumer même en pleine journée. Dans ma chambre, il n'y avait pas de lampe. Je l'ai tout de suite noté après avoir poussé une porte qui annonçait la couleur, peinture blanche écaillée et taches douteuses.

À l'intérieur, dans le réduit de neuf mètres carrés encombré par une énorme armoise paysanne, c'était juste dégueulasse. Des cadavres de bouteilles de bière traînaient sur la moquette, autrefois blanche semblait-il, recouverte de traces de terre laissées par les bottes de Denis. Sur le matelas du lit en bois, un grand torchon troué était étalé et un oreiller jaune sans taie était jeté. J'ai vérifié : pour lui, le torchon était un drap et l'oreiller, un truc sur lequel poser ma tête.

Mes affaires resteraient dans mes valises, puisque je n'avais nulle part où les ranger. Le meuble monstrueux, véritable occupant de la chambre, était plein jusqu'à la gueule de toutes les affaires, en boule, du fermier. Le mobilier non plus ne m'attendait pas.

Mes valises sont d'abord restées dans la grande entrée. L'installation était remise à plus tard, quand je me serais acquitté de ma mission. Car je n'étais pas là pour glander : j'étais là pour être utile. Quitte à être un boulet à la charge de l'État, autant que je profite à quelqu'un, que je sois le petit bonus, le plus. Le fermier, comme les autres familles, était payé pour « accueillir ». Personne n'est assez dingue pour recueillir des bêtes sauvages gratuitement. En revanche, tant de gens sont prêts à attendre cinq ans et à aller au bout du monde pour adopter un enfant. Les mêmes qu'il faut supplier pour qu'ils acceptent de recevoir chez eux cinq minutes un gamin de l'ASE.

À peine jeté dans sa ferme, j'ai dû m'acquitter d'une obligation envers Denis. Ma mission : nourrir les animaux, les poules surtout, en remplissant une brouette et la poussant sur des mètres. Garçon de ferme. Un

« bonjour » du bout des lèvres, pas un biscuit, pas un café et hop, au boulot direct, à peine arrivé.

Bien sûr, à force de les nourrir, tous les jours, on s'est attachés, les animaux et moi. À un moment, j'ai même réussi à prendre du plaisir à les voir, m'en occuper, me sentir utile et un peu tranquille avec eux. Mais après, j'en ai eu marre. Trop fatigant et, surtout, je n'avais plus du tout envie d'être l'enfant à tout faire de Denis.

Le seul devoir dont il s'acquittait à peu près était de me nourrir. Je mangeais bien chez lui, je buvais du bon cidre. Oui, mais ces agréments ne m'étaient pas directement destinés. Il faisait à manger pour lui et je ne faisais qu'en profiter. Peut-être même qu'il avait tout simplement le bon sens de m'alimenter pour mieux me faire travailler.

Je n'allais plus à l'école. En me sortant du foyer, on m'avait arraché sans scrupule au système scolaire. C'est l'école qui venait à moi sous la forme de sorties de groupes scolaires d'enfants de primaire à la ferme. Ils découvraient les joies de la nature, l'odeur du purin, le chant des oiseaux. Je leur faisais faire le tour des bêtes, les moutons, les chèvres, les oies, les poules… Plusieurs fois, Denis m'a laissé faire le guide de ferme, ce qui m'a donné l'impression de jouer un rôle, d'être déguisé. J'ai largement préféré cette activité au transport de graines.

Durant mon séjour chez lui, nous n'avons quasiment pas échangé un mot. Mais nous avons beaucoup regardé la télé. Il m'imposait les matchs de foot et les infos.

Par la suite, j'ai pu faire ce que je voulais, je regardais ce que j'aimais et je refusais de me lever du canapé pour aller faire le boulot. Les seuls moments non muets étaient les engueulades. Leur motif principal, l'interdiction de téléphoner, d'avoir un quelconque contact avec l'extérieur. Il vérifiait sans cesse sur les factures de téléphone qu'il imprimait que je n'avais pas passé un coup de fil au foyer, ou à Agathe, mon alliée… Mon fermier était radin, je l'avais bien compris et l'idée que je puisse lui coûter de l'argent l'obsédait. Toujours derrière moi, à me surveiller. Sa présence est devenue pesante, voire énervante.

C'est ainsi que j'explique ma réaction, sans la regretter pour autant. J'agirais de la même façon aujourd'hui. Armé d'un bon couteau de cuisine, j'étais en train de couper des tomates tout en parlant à ma mère naturelle au téléphone. Je n'avais pas le droit de communiquer avec elle en dehors de la présence de l'adulte qui a ma responsabilité, même par téléphone. Ils ont nommé ça les « appels médiatisés » : tout doit être consigné, chaque mot, chaque souffle.

Quand il a compris que je discutais avec ma mère, Denis, très à cheval sur le règlement, n'a alors pas pu s'empêcher de mettre en marche le haut-parleur. Ce qui m'a mis hors de moi. Je n'en pouvais plus de n'avoir jamais aucune intimité, ni aucun contact avec l'humanité. Lui, ça faisait bien longtemps qu'il n'appartenait plus à l'humanité. Avant peut-être, du temps où sa femme était vivante. Peut-être qu'alors il était plus sympa, mais quand je l'ai connu, c'était déjà mort, il était devenu bizarre.

Lorsqu'il a posé son gros doigt sur le téléphone et que la voix de ma mère a résonné dans la cuisine, j'ai perdu mon calme. En brandissant mon couteau, je me suis levé et je l'ai menacé. Je crois avoir dit : « Si tu écoutes encore mes conversations, je t'éclate la gueule avec ça, je t'égorge. » J'ai vu que je faisais effet avec mon couteau. Il a eu l'air terrifié. Il ne m'a plus jamais regardé de la même manière, n'a plus rien osé me dire. Il était au bout du rouleau avec moi. Peu après, il a perdu sa mère à laquelle, visiblement, il était très attaché. Sa dépression, il la doit à ce décès, bien qu'il essaie de la mettre entièrement sur mon dos. Il a demandé qu'on le soulage, qu'on me fasse disparaître vite.

Avant mon départ, il a pris le temps d'égorger le mouton que j'avais vu naître, auquel j'avais donné le biberon.

2

Le chemin de la honte

Pour aller chez Denis, j'étais parti de mon foyer comme j'y étais arrivé, comme un paquet balancé en mode Chronopost. M'arracher et me transporter loin. Mon séjour à la ferme, je ne l'avais pas choisi, c'était une surprise du chef, un sale poisson d'avril.

On ne prend pas la peine de parler aux colis. Les objets, ça s'attrape, se charge et se livre. Ce n'est pas censé se plaindre, faire du bruit, couiner. Enfant-valise largué en rase campagne. Puni d'avoir fugué, d'avoir fait un peu l'idiot. Pas plus qu'un autre gamin du foyer pourtant. Quand on est enfant de l'Aide sociale à l'enfance, les bêtises ne sont pas bon marché. J'imagine que les autres, ceux qui ont des parents normaux, qui ne les tapent pas, qui ne leur parlent pas mal, qui ne les enferment pas dans des placards, qui les nourrissent, les scolarisent, s'en occupent un minimum et, parfois, les prennent dans leurs bras, eux bénéficient d'un peu plus d'indulgence.

*

Déjà en trop parce que tu coûtes, tu poses problème à l'origine, derrière, tu n'es pas censé déconner. Alors, dès que tu commences à déborder, ils sévissent. Le foyer, c'est ça, et c'est plus fort que toi. Mais, au moins, tu y as des copains. Et c'est précisément d'eux qu'ils veulent te séparer. Ça s'appelle un foyer de « rupture » : la ferme, la campagne, Denis le laconique, un châtiment ordinaire qui consiste à couper le coupable du monde.

Pour t'empêcher de te rebeller, ils évitent de t'informer de ton départ. Ils te prennent au réveil, t'emmènent chez la directrice qui t'explique que tes valises sont prêtes, ils s'en sont chargés pendant que tu dormais, innocent. Tu t'en vas dans une heure. D'abord, tu es choqué. Ensuite, tu réagis. Tu te lèves comme un fou et tu te mets à courir. Tu ne sais pas où, dehors, quelque part. Tu passes les grilles du foyer à la vitesse d'un sportif dopé, tu te retrouves sur la route poussiéreuse, en construction, et tu traces. Les ouvriers, eux, ont arrêté leur geste pour te regarder.

Tu te doutes qu'on va te suivre et te stopper, te ramener, te soumettre à l'autorité. Mais tu ne penses pas à ça, tu ne penses à rien. Fuir, te barrer, échapper à la prison verte dans laquelle ils veulent te jeter. Tu as la sensation que tu vas décoller tellement tu es rapide.

Seulement, l'éduc est aussi vif et motivé que toi. Il te rattrape et te fait une balayette, le coup de pied circulaire dans les jarrets pour te faire tomber, le truc que tu fais à tous les âges au foyer. Et tu tombes. Tu es sonné, mais tu entends quand même les ouvriers s'adresser à l'éduc : « Hey, vous avez besoin d'aide ? »

Il n'a pas besoin d'aide, non, parce qu'il est plus fort que toi. D'ailleurs, tu as beau te débattre, il te maîtrise. Il t'écrase en s'asseyant sur toi aussi allègrement qu'un pied gauche sur une merde. Tu n'es ni musclé ni grand, alors, même avec la plus forte envie de fuite possible, tu ne peux pas grand-chose.

Après, il ne te reste plus qu'à te faire tout mou, tout docile, pour éviter que la pression devienne insupportable. Tu peux toujours pleurer ensuite, supplier pour dire au revoir à tes potes, insulter l'éduc, la directrice. Tu peux dire ce que tu veux, gueuler comme un porc qu'on égorge, peu importe. Ce que tu dis ne compte pas. Tu as l'habitude, pourtant tu ne t'y fais pas. Tu essaies toujours, pourtant tu n'y crois pas. Tu pars, maintenant, tu es en rupture.

On ne veut plus de toi ici. Remarque, on n'a jamais voulu de toi. Ni de toi, ni des autres. Si on voulait de toi quelque part, on changerait pas tout le temps de quelque part comme si t'étais une patate super-chaude. T'es en trop, il n'y a pas de place pour toi. C'est comme ça, a priori.

On te met dans une voiture avec des éducs et hop, on te transfère. Toi, tu chiales toutes les larmes de ton corps en voyant par la fenêtre le foyer s'éloigner, tu n'entends pas ce que te dit la seule éduc en laquelle tu avais confiance. Ses mots ne portent plus, la douleur te cloître.

Ils font l'erreur de trop : ils te présentent ta nouvelle éduc référente qui se trompe en imaginant qu'il faut être autoritaire pour te ramener à la raison. Ils t'ont perdu un peu plus.

*

La journée est finie, les bureaux de l'Aide sociale à l'enfance sont fermés, les salariés sont rentrés chez eux. Il reste le chef de service qui me maudit d'être toujours là parce qu'il voit le moment où il devra m'emmener chez lui. Je refuserais de toute façon.

Je lui ai dit : je préfère encore dormir dans la rue que partir avec lui. Il continue de me chercher un accueil de nuit, et moi je ne me lève plus pour la minuterie. Je reste dans le noir et le silence, il garde la porte fermée. Maintenant, il est trop tard pour qu'il me bave dessus. Au contraire, il doit me vendre comme un enfant Légion d'honneur, sage, muet et utile. Pour finalement me balancer à l'Alcatraz des gosses.

Versailles, son château et son Foyer départemental de l'enfance Robert-Carpentier. Découpé en secteurs numérotés comme une prison de haute sécurité, immense et glacial, le foyer fonctionne de manière industrielle. Il recueille exclusivement en urgence, quand les enfants ont été retirés dans la nuit à leurs parents violents ou que, violents eux-mêmes, ils ont été retirés d'un autre foyer ou d'une famille d'accueil. À Carpentier, tous les âges sont charriés, du nourrisson à l'adolescent de 17 ans. J'ai 15 ans. Nous sommes nombreux à y passer, à un moment ou à un autre de notre parcours d'enfant à matricule. Le lieu laisse toujours son mauvais souvenir, un tatouage merdique.

On me met en G1, dans une chambre de quatre, avec trois autres lascars bien excités dont un que je connais d'un autre foyer. En arrivant, je n'ai pas bronché, je me suis gentiment mis dans mon lit et j'ai fermé les yeux, fatigué par cette journée pourrie à attendre mon sort à court terme dans un couloir. Mes compagnons de cellule n'ont pas du tout envie de dormir, eux. Ils préfèrent se latter pour rire, au début. Après, ça part en vrille, forcément, tout devient possible, dont le pire. La chambre est retournée, le mobilier se met à voler en même temps que les bras et les pieds, les rugissements joyeux et hargneux envahissent l'espace et accompagnent le bruit du verre qui explose. Les fenêtres sont verrouillées, le mieux reste de faire comme si les vitres sont invisibles et de passer à travers.

La hauteur n'est pas un obstacle pour les enfants-rebus de Carpentier. Ils s'en foutent de mourir, ils n'ont rien à perdre, ils n'ont rien. Ni passé, ni avenir. Dans ces conditions, le présent prend une force incontrôlable, il se lâche. Et aucun adulte, même expert en cas difficiles, professionnel des gamins à problèmes, ne peut le canaliser. Ils n'essaient même pas dans ce foyer-ci, ils passent directement au niveau 2 de la répression.

Moi, je ne participe pas au bordel. Trop fatigué, blasé, et conscient pour ça. Je sais que ça se finit toujours mal. C'est pire, encore pire derrière. On t'isole.

Je fais comme sur un champ de bataille où j'aurais atterri par hasard, je reste couché pour éviter les projectiles perdus. En l'occurrence, ils sont tous perdus. C'est n'importe quoi. Plus que de la peur, je ressens de la lassitude. Je veux dormir, ne plus entendre de bruit, trouver un lieu fixe à l'intérieur de moi.

Cette nuit-là encore, ça ne sera pas possible.

Finalement, les flics débarquent. En escouade. Ils semblent agacés d'être obligés d'intervenir à une heure tardive.

Ils sont là parce qu'on les a appelés pour qu'ils fassent vite et bien. En clair, qu'ils embarquent les petits agités sans mettre les formes, ça prend trop de temps. À défaut de balles qui les endorment d'un coup, il reste les coups.

On ne tape pas les enfants. Enfin ça dépend, dans certains cas, il paraît qu'on n'a pas le choix. Cette foutue exception qui finit toujours par venir défoncer la règle. Et nous, eux comme moi, bien que ce soir-là je n'aie pas bougé une oreille, précisément, nous sommes l'exception.

Mes camarades barjots se font embarquer sans avoir le temps de marquer leurs bleus. Le directeur du foyer en profite pour m'avertir :

— Tu vois ici, ça va vite, tu déconnes, au panier.

Chef, oui, Chef.

Je suis au courant, le foyer, le système carcéral, j'en viens tout juste.

*

Derrière les volets entrouverts, ils nous épient. De la rue, je les imagine respirer fort, la peau tendue par les picotements de la peur. À leurs yeux, nous sommes une horde de jeunes dangereux, soumis à aucune loi, voleurs, violeurs, criminels, forcément. On a mal tourné depuis longtemps, autrement on ne se serait pas retrouvés au foyer. Personne n'est là pour leur expliquer que ce n'est pas un délit qui nous a amenés ici, mais le sort. Un délit du sort. Le mauvais sort. Ils confondent foyer et prison et, en cela, je ne peux leur donner totalement tort.

À leurs yeux, nous sommes la bande de sauvageons qui arrive en ville. Tous les matins. Ils ne s'y font pas. Nous restons une exception, une particularité, voire une monstruosité qui ne cesse jamais d'être spectaculaire.

Les vieux tremblotent sur notre passage, les autres nous regardent méchamment et les enfants et ados de notre âge rigolent. C'est à cause de nos vêtements, ils sont *cheap*. Nous sommes propres, mais tellement mal sapés. As de pique, épouvantails chiffonnés. Le budget vêtements, de cent cinquante euros, se limite aux fringues d'hypermarché : sales coupes et mauvaises matières. Quand il nous reste un crédit donné par la lingère du foyer, nous allons par petits groupes à Cergy, aux Trois Fontaines, et on s'achète sans plaisir des vêtements qu'on méprise. Pas les moyens, jamais, de se payer des marques, des trucs à la mode qui imposent le respect. Les chaussures en particulier, au moment de l'enfance et l'adolescence, sont obligées d'être griffées sous peine de ridicule, d'exclusion sans appel.

Le chemin entre le foyer et l'école, quelques kilomètres, se fait à pied. C'est là qu'on passe au milieu des autres, de ceux, même modestes, qui portent au moins un vêtement cool comme un fétiche. Se sentir un peu fort, un peu à l'aise, à l'image des autres qui peuvent, eux, être à l'image des pubs. Forcément, quand on traverse la ville, on se tape la honte. D'instinct, on sait ne pas pouvoir se cacher. On est les fameux gamins de l'Aide sociale à l'enfance, l'ASE, on est marqués. La fatalité, c'est l'humiliation. Et elle est multiple à cause des fringues, à cause du superflu. Parce que, pour nous, même la futilité prend des airs graves.

J'ai 10 ans et je viens d'arriver au foyer. J'en apprends les règles, dures, et surtout leur transgression. Ne pas respecter les règles des adultes attire les problèmes, les respecter les attire encore plus. Je suis un agneau, doux comme les peluches dont j'ai le tort d'avoir besoin. En fait, je n'ai pas grandi malgré tout ce que j'ai déjà subi. À cause de tout ce que j'ai déjà subi. J'essaie de rester petit, enfant, parce que j'attends toujours qu'on m'aime. C'est plus facile d'aimer un enfant gentil avec des peluches mignonnes qu'un enfant blessé et trop mûr.

Aux yeux de la meute qui terrorise la ville, je suis ridicule. Ce qui n'arrange rien, c'est mon côté un peu efféminé et ma tendance naturelle à sympathiser plutôt avec des filles. Surtout, je suis grassouillet. Ce n'est pas ma faute, ce sont les médicaments qui font ça. Comme je suis moche, j'ai arrêté de me laver. Me déshabiller me dégoûte, capter mon reflet dans le miroir relève de l'épreuve.

Dès le premier soir, je me suis grillé. Entouré de quatre, cinq jeunes, je n'étais pas très à l'aise, mais je croyais pouvoir être sincère. Quand ils m'ont demandé de leur dire mon origine, j'ai répondu : « Français. » Ils ont insisté, m'ont fait remarquer que, physiquement, j'avais toutes les caractéristiques d'un rebeu. J'ai alors été obligé d'avouer que oui, je suis d'origine algérienne. Ils se sont légèrement énervés en me relançant : « Mais t'as honte ou quoi ? » Et de ma bouche est sorti un « oui » pas tout à fait sincère, mais plus simple que la vérité.

En réalité, je n'avais pas remarqué que j'étais rebeu. D'où je viens, un petit village français, personne ne me l'a jamais dit. J'étais la seule peau basanée en effet, mais on ne me le signifiait pas. Le fait d'être l'enfant accueilli par madame P. suffisait à m'identifier et à faire de moi une exception. Les gens du cru, plutôt gentils, n'avaient pas eu l'occasion de m'insulter ou de m'en vouloir, alors ils ne me voyaient pas comme un rebeu.

Je n'ai donc pas de raison de me sentir plus rebeu que français. Je ne me sens rien, surtout. Eux, ceux qui m'ont fait passer l'interrogatoire, ont assez d'années de foyer pour manquer de racines. Ici, c'est comme à la Légion, on efface le passé. On est des dossiers vivants, mais sans mémoire. Mieux vaut ne pas se rappeler. Ça ne sert à rien de draguer le limon amer. Malgré tout, au bout d'un moment, entre les murs de ce no man's land, on a besoin de venir de quelque part, ne serait-ce que pour qu'il y ait un avant certain, donc un après possible.

Eux, ils sont fiers d'être rebeus, renois, d'origine étrangère. Les Blancs-blancs sont très minoritaires au foyer. Chez les enfants en berne, il y a un peu de tout ce qui se trouve à la marge. La palette de couleurs de la misère est riche. Ce qui n'arrange rien. Dans un film à propos de l'adoption, j'ai entendu une plaisanterie qui classait les enfants en catégories : les premiers choix, Blancs en bonne santé, les deuxièmes choix, Blancs handicapés, les troisièmes choix, de couleur, etc... Moins facile à placer, un enfant pas blanc et bancal.

Avoir honte de sa peau quand on n'a que ça, ce n'est pas tolérable. Dès ce premier soir, je venais de me condamner. Gros, féminin, bébé, et honteux.

J'ai eu tout faux.

Naturellement, on m'insulte. On me traite de « sale PD » et on se moque, on déroule tous ses mots en stock jusqu'à épuisement de l'imagination et, heureusement, elle est souvent maigre. Je suis un souffre-douleur. Le pire, même si c'est mieux pour moi, c'est que je ne suis pas le seul. En revanche, j'ai l'intérêt d'être tout neuf, plus jouissif à casser. Me tanner le cuir devient œuvre collective. Tout le monde s'y met. Les adultes ne sont pas là, ou ne voient pas ou n'entendent pas – ils sont experts en techniques d'ignorance. Le meilleur moyen pour conserver leur innocence.

L'innocence, les mômes du foyer l'ont perdue depuis longtemps et ont choisi le vice qui, lui, a du goût et constitue le meilleur moyen d'attirer l'attention sur soi. Y compris de soi-même. Les moments pour s'y adonner, finalement, ne manquent pas.

Sur le chemin de l'école, c'est n'importe quoi. C'est la tranchée de l'impunité, ça fume des cigarettes dans tous les sens, ça sonne partout pour emmerder les bourgeois qui ne le sont pas forcément mais toujours plus que nous, ça gueule des trucs graveleux, dégueulasses. Ça se défoule.

Et moi, j'ai peur. J'ai l'impression d'avoir échoué dans un pénitencier pour criminels graves lâchés deux fois par jour dans la nature et contre lesquels je n'ai pas les moyens de me défendre. Pas encore. Mais je vais apprendre, et vite, que la meilleure protection est l'imitation. Être comme eux, le seul moyen de n'être pas contre eux. Au début, je les percevais justement comme des singes, agiles, aux gestes déliés. Leurs insultes jetées en grimaçant, le côté outré comme s'ils cherchaient à être leur propre caricature. Le trait étant épais, il a été aisé à saisir et à intégrer. C'est l'avantage.

Il me faudra quelques mois pour le calquer totalement. Le temps de réagir pour survivre, ne pas s'inscrire définitivement du côté des faibles, des petits, de ceux qui se prennent des balayettes tous les deux mètres dans le couloir, qui sont forcés de manger leur caca dans les chiottes le soir et servent de punching-ball dans les coins aux grands. Les grands qui, bien qu'on ait droit à la télé sans câble une fois par semaine seulement, connaissent les films de combat et de parrains aussi bien que s'ils les avaient réalisés eux-mêmes.

Les caïds, ceux qui terrifient parce qu'ils sont plus forts, plus bruts, plus inconscients, ont été faibles avant moi, ont eu peur avant moi en débarquant au foyer. La petite histoire de la violence se répète à l'infini.

3

Château fort et fortes têtes

Les premières heures sont les plus dures. Le lieu impressionne : un château à quatre étages et une grille bleue aux piques acérées. J'arrive avec mes 10 ans au début de l'été, il fait beau et chaud, pourtant je suis gelé quand je pénètre dans l'enceinte de ma nouvelle maison.

On est dans le 78, les Yvelines, la place ne manque pas, c'est grand ici, il y a un parc et, derrière, une forêt. Des petits bâtiments entourent l'édifice principal. Nous redoutons tous celui où sévit la directrice. Un peu l'annexe maudite, là où on se fait sermonner ou annoncer qu'on va dégager… Le grand bâtiment possède une entrée principale sur un perron de roi. Mais nous ne passerons par là que le premier jour, ensuite ce sera la porte de derrière, du côté du terrain de foot, des balançoires, du BBQ, de la zone de distraction – autrement dit de massacre.

Au rez-de-chaussée, dans les placards alignés, nous déposons nos chaussures. Ainsi ne pouvons-nous pas, en théorie, fuguer. Qui partirait pieds nus ?

Au premier étage, les dortoirs des filles, à côté, la salle télé et la chambre de garde. Les sexes ne sont pas mélangés, mais les âges si. Des petits de 5 ans grandissent au milieu d'ados de 16 ans. Ça pourrait sembler une bonne idée, comme ces classes hétérogènes dans lesquelles des adultes s'imaginent naïvement que les meilleurs éléments hisseront les plus médiocres. En réalité, les foyers manquent de places et de moyens pour offrir un service personnalisé, ne serait-ce qu'adapté à l'âge des enfants. Alors on récupère du môme en gros et on dispatche les volumes. Enfin, on les brasse.

Pour moi, c'est la première fois que je tombe dans un container. Mon premier foyer, le bon qui me déniaisera en version accélérée.

Les premiers commentaires sur mon comportement relèveront que je suis muet, que j'évite de communiquer avec qui que ce soit, enfants ou adultes. C'est vrai, je commence par me faire oublier, et me convaincs que c'est la bonne stratégie. De plus, franchement, je n'ai pas envie de parler. Trop mal à l'aise dans mon corps, et dans ma tête aussi. Moche et abandonné, voilà comment je me sens.

Dans les étages supérieurs, on trouve les autres dortoirs, des garçons. Ils sont censés être rangés et, surtout, contrôlés la nuit. Mais il n'y a que deux gardiens pour cinquante mômes. Parce qu'ils s'ennuient, et on peut les comprendre, ils regardent la télé ou ils dorment et relâchent facilement leur surveillance.

Ils m'ont collé dans une grande chambre, avec cinq autres pensionnaires. Le luxe ici, visiblement, ce sont les chambres de deux.

Dans la piaule, il y a un nouveau comme moi, Nicolas. Il est bizarre et a l'air encore plus ahuri d'être ici, il a les yeux écarquillés comme s'il ne croyait pas ce qu'il voyait. Il se tient toujours dans un coin sans parler et observe les autres. Je me rends vite compte qu'il n'est pas méchant : il est le seul à ne pas se foutre de ma gueule parce que j'ai des peluches et pleure le soir dans mon lit. Un tendre, Nicolas, qui s'adapte encore plus mal que moi au foyer.

Nicolas, le gentil coloc, doit se sentir victime. À lui aussi, les fortes têtes font la misère, trouvent mille occasions de le taper, de l'insulter, de lui faire mal. Il n'essaie même pas de se défendre, il est pétrifié et subit sans broncher, encore et encore. Jusqu'à sa disparition du foyer, une nuit, en plein hiver. Il s'est enfui dans la forêt, en chaussons. Je ne sais pas ce qu'il est devenu ensuite, mais on ne l'a plus jamais revu.

Abdel, lui, se confond avec l'environnement. On dirait qu'il est né ici. Il doit avoir une douzaine d'années et a déjà intégré les codes *show off* des petits délinquants. Impressionner les autres est l'enjeu principal. Au moins, on le voit venir et, bien que ça ne change rien au fait qu'il persécute les faiblards dont je fais partie au début, on le redoute moins.

Il est moins fourbe que Rachid, le plus âgé de la chambre, qui fait ses coups par en dessous et laisse les autres être punis à sa place. La corpulence de Rachid fait naturellement flipper. Il a le gabarit des rugbymen, grand, large et musclé. Mais ce n'est pas tant son physique de Terminator qui impressionne que sa capacité à voler tout ce qu'il peut. Il n'a aucune limite. Aucun objet péniblement acquis par l'un des pensionnaires du foyer n'est à l'abri de la main de Rachid.

À moi, il a piqué des parfums, à d'autres, des vêtements… Ça ne sert à rien de le prendre en flagrant délit puisqu'il est particulièrement balèze et te menace direct de t'en mettre une. En camarade de chambre, Rachid n'est pas un cadeau. Il te dépouille, te fait peur si besoin et, pour finir, te dégoûte : il a l'habitude de se masturber devant les autres. Et ses intimes, ceux qui partagent sa chambre, sont les principaux bénéficiaires de ses pratiques perverses. Vraisemblablement, c'est notre présence qui l'excite et notre réaction, si nous montrons qu'il nous file la gerbe, l'encourage. Comme pour le vol, mieux vaut se taire, rester impassible, quitter la pièce quand c'est possible ou tourner la tête.

*

Tu as peur parce que les autres sont plus forts que toi et que tu es obligé de renoncer à ton intimité. Les petits gestes de la vie quotidienne, tu les partages en intégralité avec les autres. Où que tu sois, tu n'es pas seul. Tu fais tout en collectivité. Tu manges, tu dors, tu chiales, tu chies, tu te laves en commun.

Les douches, tu as le droit d'y aller après l'étude et t'as intérêt à te dépêcher si tu ne veux pas te geler sous l'eau froide. Ce sont des cabines alignées avec des lavabos de l'autre côté et des bancs pour attendre. Il n'y a pas de crochet pour mettre sa serviette, pas de miroir pour vérifier que, de toute façon, t'as une sale gueule.

Quand t'as enfin réussi à sauter dans une cabine, tu te dépêches encore. Dès le premier soir, tu as testé la joie des blagues locales. Bêtes. Quand elles ne sont pas en plus méchantes. Tu t'es pris des projectiles, des crachats et le classique, les bassines d'eau glacée, tu as eu froid, mal, et tu n'as pas très envie d'y retourner. Parce que, le lendemain, tu te rappelles qu'ils t'ont vu à poil en tirant le rideau de douche, et c'est précisément ce qui te terrifie. Qu'on te voie, qu'on te calcule, alors que, toi, tu veux disparaître, devenir invisible, réduire dans l'espace pour que le malheur ait moins prise. Mais ici, tout se voit, même toi. Tout de toi.

Le dossier dans la fosse aux lions, il porte ton surnom, il est impalpable, mais il pèse, il détermine combien de temps tu peux survivre au foyer et, surtout, comment. Si ta réputation dit que tu es mou, vulnérable, que tu te laisses martyriser sans dénoncer, sans te défendre, alors tu peux faire ta prière ou te mettre à croire en Dieu si tu es athée. Tu ne peux rien dissimuler, tu es à découvert.

Les adultes ne t'épargnent pas davantage, ils ont les infos sur toi, ont les moyens de te dénuder comme un fil. Ils t'enlèvent les couches en deux secondes. Et surtout quand ils t'emmènent à la visite médicale, ils ne te laissent jamais seul avec le docteur. Ils restent plantés, écoutent ce qui ne les regarde pas.

Et lorsqu'on te demande de retirer ton slip parce qu'on veut vérifier l'anomalie que tu ne savais pas avoir, que tu n'as pas remarquée et que tu aurais préféré continuer à ignorer, ils ne reculent même pas d'un centimètre. Ils te fixent, en fronçant les sourcils comme si on était en train de leur parler d'une créature chelou, alors qu'il ne s'agit que de toi. Et de ta couille en moins, celle qu'on t'a ôtée quand tu étais petit et tu n'étais pas courant. On te dit qu'on programme de te mettre une prothèse. D'entendre le terme, tu vomirais.

Précisément, ça mériterait un peu de pudeur, de me laisser un semblant de dignité. Mais non. Un bout de chair tu es, tu as beau te tenir debout, ne pas être pendu par un crochet, tu n'as pas droit à l'intimité. De fait, il n'y a rien de personnel chez toi. J'imagine ce que c'est d'avoir une famille qui t'accorde un enclos, un bout écrit « privé », des barrières qui font de toi un être particulier, avec son individualité qui t'identifie et suggère le minimum de respect, les quelques droits qui te distinguent de la bête. Chez les éducateurs, si certains arrivent à t'aimer, peut-être parce qu'ils se retrouvent en toi, la plupart ne t'aident pas, voire contribuent à te déshumaniser.

*

La pierre est froide, mon visage bientôt marbré. Sur ma tempe droite un genou fait pression au point de me donner la sensation qu'il s'enfonce dans mon crâne. Il a posé une jambe à terre, l'autre sur moi et il me tient fermement au sol par une clé. Il est super-costaud, encore un qui fait du rugby. Environ trois fois mon poids, je n'ai aucune chance d'échapper à son emprise.

Je le hais. De tous les éducs spé du foyer, il est celui que je redoute le plus. Je le sais violent, je le sens retors. Il n'arrête pas, il appuie avec son genou, il insiste. Je crie « Arrête, tu me fais mal », et ça aggrave mon cas, je sens d'autant plus ses os rentrer dans les miens. Lui, il répète, avec sa tête de fou, ses yeux exorbités comme si on venait de lui tuer sa mère, « C'est bon ? Tu te calmes ? » On ne se comprend pas du tout.

J'en suis là, à bouffer le sol, parce que j'ai osé répondre, me rebeller, pourtant à juste titre. Est-ce parce qu'il était à l'école avec la sœur de ma mère naturelle qu'il se croit obligé d'être particulièrement odieux avec moi ? Alors que je m'étais déjà tapé deux jours de suite la corvée de nettoyage de sol, il a décidé qu'il fallait que je continue. Selon moi, il n'y avait aucune justification à cela. Alors je l'ai dit : « On est quoi ici ? Cinquante ? Tu peux trouver quelqu'un d'autre pour le nettoyer, ton sol. Je l'ai fait hier et avant-hier. Me prends pas pour un chien ! »

Il a mal pris ma réaction. Il m'a engueulé. Mais je ne me suis pas calmé, au contraire, j'ai résisté en argumentant. Le ton de la conversation a tourné. Je me suis énervé et j'ai attrapé le balai qui traînait pour le menacer. C'est là qu'il a vrillé, m'a chopé et étalé par terre en deux secondes. Il ne maîtrise pas sa force, qui ressemble à de la violence. Et j'ai l'impression désagréable qu'il y prend un plaisir féroce.

Personne ne l'arrête, cet éducateur. Pour cela, il faudrait se plaindre à la direction et prendre le risque que ça ne suffise pas pour le sortir du système et qu'il se venge ensuite.

Souvent, les éducs sont spécialisés en violences. D'abord, parce que ça fait partie de leur job d'y être confrontés et de savoir y réagir. Ensuite, parce qu'ils en viennent, qu'ils l'ont subie, en ont souffert. Et ils la reproduisent ou tentent de l'endiguer. Certains éducs étaient eux-mêmes en foyers, alors, la musique, ils la connaissent. C'est ce qui peut les rendre impitoyables ou tarés.

André, lui aussi, fait flipper, mais pas pour les mêmes raisons. Il est tellement déconnecté du réel et excessif qu'il arrive à nous surprendre et nous laisser juste impuissants. Sur le dessus du crâne, il a un X tracé. À s'amuser à se faire passer pour un extraterrestre, il a fini par y croire. Et à se comporter comme tel.

Un dimanche soir, alors que certains des pensionnaires du foyer venaient de rentrer de leur week-end et qu'un garçon se plaignait de s'être fait voler sa Nintendo DS, André a vu rouge.

Il nous a tous convoqués dans le réfectoire et nous a posé la question avec un air super-solennel :

— Qui est le voleur ? Qu'il se dénonce !

Évidemment, le coupable, que je savais être l'ami clepto Rachid, n'a rien dit. Et, dans le grand silence qui a suivi, le visage d'André s'est métamorphosé. Il s'est crispé comme s'il allait éclater. Il nous a expliqué que nous ne sortirions pas de la salle tant que le voleur n'aurait pas avoué.

Il était 20 heures.

Rachid avait tellement peur d'André qu'il préférait passer la semaine dans le réfectoire plutôt que de se manger une baffe ou une punition vicieuse.

De longues heures à ne rien faire. J'ai attendu avec les autres. André jouait. Il nous a enfermés et nous a laissés nous déchirer. Nous nous sommes rejeté la faute, nous nous sommes accusés les uns les autres, des bastons ont démarré çà et là. Et lui, il regardait, le sourire aux lèvres. Il semblait mener une expérience : nous étions des rats et lui le scientifique, qui n'a d'autre but que la souffrance de ses cobayes. Un fou. À un moment, il a soulevé une table et a promis qu'il la jetterait sur nous si on persistait à se taire.

Toute la nuit, ma rage contre Rachid a eu le temps d'enfler sur les chaises en bois inconfortables où je ne sentais plus ni mes fesses, ni mes jambes, ankylosées. À 5 heures du matin, il n'avait toujours pas ouvert la bouche. Alors je suis intervenu avec ce que j'avais sous la main, une carafe d'eau. Je lui ai balancé dans le visage en le menaçant de le dénoncer moi-même s'il n'était pas capable de le faire. Il s'est exécuté. Je crois qu'il en avait marre lui aussi de ne pas pouvoir aller se coucher. Ce matin-là, André a fait de doux rêves.

Une de ses collègues, Jeanine, à la même heure, pleurait en dormant.

Elle est le souffre-douleur des gamins. Elle manque un peu de personnalité et de traits de caractère spéciaux susceptibles de nous impressionner. Gentille avec ça. Alors, pour Jeanine, les rôles se sont naturellement inversés, le monde s'est mis à l'envers.

Personne ne la calcule jamais, ne répondant ni à ses « bonjour », ni à ses semonces. Des plus agressifs la renvoient dans ses buts d'un « Vas-y, ta gueule ». On lit clairement dans ses yeux qu'elle est transie de peur, qu'elle nous craint, qu'elle ne fera rien contre nous. Elle ne fait pas le poids au foyer. Elle a fini par perdre le peu d'honneur qui lui restait.

C'est Balducci qui le lui a pris.

Dans un élan de joie mauvaise, il l'a giflée en aller-retour, assez violemment pour que sa tête ait le temps de danser. Balducci fait partie des grands, des chiens méchants qui vont bientôt atteindre leur majorité et dégager. On ne sait où. En attendant, il règne sur les autres, les taxe, leur donne des ordres, et provoque les éducs spé qu'il a dépassés en taille depuis longtemps.

Il n'éprouve pas la pitié, comme d'autres sentiments qu'il n'a certainement jamais connus. C'est pourquoi la pauvre Jeanine ne provoque chez lui rien d'autre que le mépris et l'envie de taper.

Elle est partie s'enfermer, traumatisée et sanglotante, dans sa chambre. Il a fallu que la directrice s'en mêle pour qu'elle accepte d'en sortir quelques heures plus tard.

Caroline, mon éduc spé, n'a pas du tout le même profil. Plutôt du genre à s'imposer avec un caractère bien affirmé, une grande gueule, et une humanité qui la distingue. Un peu forte, brune bien typée d'origine algérienne et marocaine, elle se fait respecter au foyer. Comme nous, elle a grandi chez personne, dans des foyers semblables à celui-ci. Son père est mort quand elle était toute jeune, et sa mère incapable de s'occuper d'elle. Elle a très mal vécu d'être placée.

Après quelques semaines à n'adresser la parole à aucun adulte, j'ai fini par céder, par lui parler, à elle. Au fur et à mesure, j'ai même réussi à lui faire confiance. Du haut de ses 25 ans et de sa maturité de jeunesse errante, elle me comprend et se montre toujours juste, mais elle n'en oublie pas pour autant d'être ferme. Mon dossier, mon histoire, elle le connaît sur le bout des doigts et accepte de répondre à mes questions quand, enfin, je commence à les poser.

Moi aussi, j'ai appris des choses sur elle, qu'elle a partagées, comme pour nous mettre à égalité. Elle m'a ainsi confié son rêve de créer et diriger un orphelinat au Maroc. Nous partageons des discussions prolongées et elle a l'honnêteté, quand je me plains de l'attitude d'un autre éducateur, de me soutenir une fois qu'elle a vérifié par elle-même ce que je lui ai rapporté. Dans nos échanges, elle aborde souvent la question des origines. Elle revient sur les siennes, me décrit l'Algérie, ses traditions, sa culture. Elle essaye de me lier à quelque part, de m'offrir une odeur à respirer, une idée pour m'ancrer à quelque chose.

Caroline est sympa. Douce, en revanche, non. Il lui est même arrivé de se montrer un peu violente. Il faut dire qu'au foyer, quand on se hait, on se tape, mais quand on s'aime, aussi. Un jour, Caroline s'est permis de me jeter, je ne sais même plus pour quel motif, un « nique ta race » en pleine figure. Allongé sur mon lit, je l'ai regardée quelques secondes sans bouger, puis j'ai bondi. En me voyant réagir, elle s'est mise à courir, mais je l'ai rattrapée par les cheveux et l'ai fait basculer par terre. On s'est battus pendant cinq minutes, jusqu'à ce que la sous-directrice, Christine, nous sépare. Sauf qu'entraîné dans ma colère, je n'ai pas hésité à mordre les jambes qui entraient dans la lutte tout en continuant de latter Caroline. J'ai perdu à ce jeu-là. Mais, par la suite, mon éduc s'est excusée, elle a reconnu qu'elle n'avait pas à me parler grossièrement. Droite, une fille droite.

Quand on m'a arraché au foyer, elle m'a tenu la main dans la voiture jusqu'à la ferme tandis que je pleurais. Je l'ai appris plus tard, elle a critiqué ouvertement la méthode, en a pointé la cruauté, et entraîné d'autres éducateurs avec elle. On ne retire pas aussi brutalement, sans le prévenir, en le déplaçant dans un milieu qui lui est étranger un adolescent comme moi. C'était son avis. Il s'est fait avec l'expérience, car ce n'était pas la première fois que la direction procédait ainsi. Il y avait eu un précédent. Un plus dangereux que moi, A., avait été retiré violemment et placé en centre fermé parce qu'on s'était rendu compte qu'il abusait depuis trois mois d'un gamin de 5 ans, attardé. Oui, parce qu'au foyer on n'hésite pas à mixer les âges, mais aussi les problèmes. En réalité, j'étais flatté qu'on m'ait réservé le même châtiment qu'à A. Encore plus de savoir que des éducateurs avaient démissionné après mon départ forcé.

*

Je suis devenu pénible, agité, aussi violent que les autres. Mais c'est différent, ils avaient vu mon évolution. Ils se rappelaient que j'étais un ange les premiers temps, qu'une grande quantité, une quarantaine de peluches recouvraient mon lit et que je n'aurais jamais levé la main sur qui que ce soit. Ils se rappelaient que je n'avais pas eu d'autre alternative. Au foyer, il n'y a qu'un chemin possible, et cela, même les moins éclairés d'entre eux le notaient tristement tous les jours.

4

Camisoles

Le village, n'étant pas doté de réverbères, a le mérite d'être sombre la nuit et de me cacher. À cette heure-ci, tout le monde dort à poings fermés. Il faut dire qu'il y a beaucoup de vieux, comme dans la plupart des bleds de campagne. Villeneuve, ce n'est pas l'endroit le plus excitant du monde. Avant le foyer, je ne me rendais pas vraiment compte. En tout cas, je m'en contentais. Mais maintenant que j'ai une perspective extérieure et un élément de comparaison, je trouve le bourg d'un ennui mortel. Quelques voisins, la maison collée à une église, et la mairie au bout de l'allée.

Ce soir, la pleine lune éclaire l'ensemble, qui n'est pas plus grand que le foyer. Mon paquet de clopes dans la poche, j'ai d'abord enjambé la barrière pour aller dans la prairie, puis je me suis ravisé, je ne suis pas obligé d'aller aussi loin. Je me hisse sur le bois et allume ma cigarette.

Je n'ai pas toujours été malheureux ici. Au début, en plus, je sortais de l'enfer, alors n'importe quelle femme un peu aimable aurait pu convenir.

J'avais une chambre pour moi tout seul et j'ai même eu droit à un goûter d'anniversaire avec les quelques copains de l'école et à des cours de natation. Madame P. n'est pas méchante, je l'appelle « Tata ».

Elle a pris ma défense il y a six mois quand elle a vu que j'étais recouvert de bleus. Je lui ai avoué qu'un éduc me persécutait, qu'il me faisait mettre en position de chaise contre le mur et me donnait des coups sur les mollets pour me faire plier. Ce grand taré ne s'était pas calmé avec moi, au contraire, il ne ratait pas une occasion de me contrarier et de me châtier. Ses violences étaient multiples, mais son sévice préféré était visiblement le truc de la chaise.

Abasourdie par ce que je lui ai raconté, Tata a pris l'initiative de se plaindre de l'éducateur au foyer. Ce qui a déclenché une enquête interne. Alors, oui, il a craint de perdre sa place et m'en a voulu. Mais finalement, l'enquête a été bouclée sans suite. Donc sans conséquences pour lui.

Pour moi, si. Il a monté des jeunes, barjots et influençables, contre moi. Ils ont essayé de prendre le relais. Mais je ne les ai pas laissés me pourrir la vie. J'étais déjà un autre, modelé par les petites injustices et violences quotidiennes du foyer. J'étais devenu une bête sauvage.

*

Si Tata a su avoir parfois les bons réflexes, elle a globalement déconné avec moi. En y repensant, je suppose que c'est à cause de Mélodie, la petite fille qui était chez elle avant moi, à laquelle elle s'était un peu trop attachée. Elle avait voulu l'adopter et en avait fait la demande officielle à l'Aide sociale à l'enfance, l'ASE.

Mais tel est toujours le paradoxe des arbitrages de l'ASE : ils sollicitent des adultes, bien de préférence, pour qu'ils s'occupent d'enfants, et ensuite, si ces derniers se mettent à trop les aimer et à vouloir tenir un rôle privilégié auprès d'eux, ils les éloignent.

L'ASE considère qu'elle doit trouver des cadres, dans lesquels laisser les enfants grandir, ce sont les familles d'accueil, les foyers. Mais il n'est pas question de remplacer les parents naturels. Même définitivement perdus, alcooliques, toxicomanes, prisonniers, partis, noyés, ils demeurent prioritaires. C'est le socle du boulot de l'ASE : rétablir le lien entre eux. Un fantasme.

En bref, l'ASE favorise les absents, défaillants, aux présents motivés. Elle refuse qu'une famille choisisse un enfant parce qu'elle a plus d'affinités avec lui qu'avec d'autres. Elle refuse aussi aux femmes sans enfants et sans mari de nous recueillir. On serait en droit de s'interroger sur le bien-fondé de ces règles.

Le pragmatisme devrait guider davantage ses décisions.

L'ASE a retiré la petite Mélodie des mains trop bienveillantes de Tata. Qui en a fait une dépression. Combien de colis préparés avec soin lui sont revenus ? Combien de larmes ai-je vu couler sur son visage ? Ses trois enfants, qui ne vivaient pas avec nous, et son mari n'ont jamais réussi à la consoler. Et ma présence n'a cessé de lui rappeler cruellement l'absence de l'autre. Dans sa tristesse, elle n'était plus apte à m'accueillir, à s'occuper de moi. Et, surtout, à me tolérer. Depuis que je suis parti, je crois qu'elle se porte mieux.

Tata est devant moi, pieds nus, en chemise de nuit à fleurs, le visage chiffonné par une nuit trop rapide, la bouche ouverte pour m'engueuler. J'essaie de l'en empêcher mais elle se lâche quand même. Elle dit qu'elle ne me reconnaît plus, que j'étais déjà pas très recommandable avant mais que cette année et demie de foyer m'a changé, profondément changé. Je suis devenu un monstre, elle l'a remarqué. Ça été progressif, mais de me voir tous les quinze jours lui a permis de s'en rendre compte. C'est clair, je suis irrécupérable.

Elle a une tête de folle. Elle me rappelle ma mère. En fait, elle est démunie. Moi aussi, de pitié. Et c'est sa faute. Le foyer, c'est à elle que je le dois. Mon dévergondage, elle l'a bien cherché. C'est à cause d'elle que tout a empiré, et que maintenant je la regarde calmement en continuant de tirer sur ma clope.

— Tu sais pourquoi j'ai changé ? Parce que j'ai arrêté de bouffer toutes ces merdes que tu m'obligeais à prendre. C'est juste que maintenant je suis normal…

— Ce n'est pas moi, c'est le docteur qui pensait que c'était bien.

Toi aussi, tu pensais que c'était bien. Pendant cinq ans, tu m'as drogué. Et tu me dis maintenant que c'est ma faute, t'es sérieuse là ?

*

Tata m'avait menacé de m'envoyer en foyer si je ne prenais pas mes médicaments. Je les ai pris. Ça n'a rien changé, je suis quand même allé en foyer. Et je suis arrivé comme un légume, semi-comateux. Doux, gentil, apprivoisé, en laisse chimique.

Pour que le pédopsychiatre de l'aide à l'enfance me prescrive de telles doses de cheval et une telle combinaison de psychotropes, je devais sembler très dangereux. À l'école, je n'étais pas très sage, j'avais notamment planté un crayon à papier dans le bras d'un autre élève qui le méritait.

J'étais un peu agité, turbulent, mais pas plus que beaucoup de gosses en primaire. Et puis il m'arrivait souvent de faire des malaises vagaux. Enfin, les quelques pétards et feux d'artifice gaiement craqués sur la place du village en fouteur de merde solitaire avaient terrorisé Tata qui avait sollicité à ce moment-là l'aide d'autres adultes. Ni son mari, ni son fils, ni sa fille n'avaient été foutus de lui expliquer que ce n'était pas bien méchant, que plein d'autres mômes dans des centaines de villages français et dans le monde agissaient pareil et ne méritaient pas pour autant une bonne camisole chimique.

Lyes dérape et va mettre le feu à Villeneuve, que faire, docteur ?

Le shooter. Lui donner du Valium, du Tercian et du Risperdal en quantité suffisante. Il doit être dépressif.

Un petit diagnostic hâtif sans avoir mon dossier, ni même les infos médicales nécessaires, après m'avoir regardé méchamment et dit « Tu devrais éviter de jouer avec les pétards, tu vas perdre une main si tu continues », et l'ordure en blouse blanche a rédigé son ordonnance. Un sac de pharmacie plus tard, j'ai avalé toutes ces potions merdiques vouées à me trépaner. Plus envie de rien, à part manger, dévorer, remplir son ventre comme pour annuler les effets de drogues puissantes. En vain. Et grossir, grossir à vue d'œil et mépriser longuement son corps difforme. Acheter des vêtements XXXL, se faire disparaître dedans.

Oublier le nu, les douches, le contact. Se détester un peu plus à chaque dose blanche dissoute dans mon eau. Se perdre et flotter comme une particule séparée des autres. Dormir pour oublier qu'on est drogué. Dormir parce qu'on est drogué. Ne plus entendre, ou de loin, ce qui se passe pour soi. Laisser tout hors de soi. Devenir sourd, muet, insensible, impotent. Tata m'empoisonnait avec la bénédiction de l'administration.

Je me faisais horreur, gros, sale et somnolent. J'ai fait l'effort de me renseigner, j'ai consulté un dictionnaire médical et l'ai mis sous les yeux de Tata :

— Regarde, tu n'as pas le droit de me forcer à bouffer tes médocs.

J'ai bien vu qu'elle paniquait, même si elle a brandi, comme à chaque fois, l'arme nucléaire :

— Si, si, tu les prends ou, tu verras, tu seras bien avancé quand tu seras au foyer, tu regretteras ici, c'est moi qui te le dis.

Le lendemain, elle a appelé la pédopsy pour cafter :

— J'ai un problème avec Lyes, il ne veut plus prendre votre prescription.

Le pire, c'est qu'elle s'étonnait que je sois non consentant et que je me révolte. Pourtant, elle avait croisé ma mère en m'emmenant aux visites médiatisées du placement familial. Elle avait vu qu'elle n'était pas dans son état normal. Sous médicaments, moi aussi. Elle ne voulait donc pas comprendre que je refusais de lui ressembler, que j'étais terrifié à l'idée d'être un « telle mère, tel fils », que cette image-là, j'aurais voulu la détruire.

C'est parce que ma mère est comme elle est que j'étais chez cette idiote de Tata qui ne trouvait rien d'autre à faire qu'à me façonner en une créature désarticulée qui ne prétend plus à l'avenir, ni au passé.

Ma mère, elle, était coupée du monde. Avec moi non plus elle ne pouvait pas communiquer. Pendant les cinq ans passés chez Tata, elle était au plus mal. À presque chaque visite, elle se montrait incohérente, en pleine crise de délire. Je repartais, plombé, à me demander si la voir était bien utile. La voir se débattre au sol comme un insecte sans ailes et entendre en écho le bruit de la destruction par la chimie en moi. Ma mère et moi, son petit reflet qui nage, essoufflé.

Je n'ai jamais su qui elle était, Leïla. Elle était malade avant ma naissance, avec ma naissance. Son histoire, triste et bien banale, ce qui l'a fait sombrer, je ne l'ai connue que tard, à force de questions. Elle a fini par me raconter ce qui l'avait ravagée en me mettant au monde. Elle ne s'excusait pas, elle pleurait, torturée par le souvenir. Un souvenir vulgaire et sale.

*

Ma mère marchait tranquillement dans son tailleur de bourgeoise vers le centre des Mureaux où elle avait un rendez-vous pour trouver un emploi. Elle était belle, brune, et classe. Alors, bien sûr, elle attirait le regard des hommes, toute la famille l'avait remarqué, ça, sa mère, sa sœur et ses cinq frères. Ça les inquiétait un peu qu'elle soit si jolie. Ils sont superstitieux : la beauté cherche le malheur.

Ce jour-là, elle était spécialement canon puisqu'elle s'était apprêtée pour sa recherche de boulot. Leïla portait des dossiers, faisait sérieuse. Elle souriait, on lui avait dit que c'était mieux, que ce serait plus facile d'être embauchée.

Elle rêvait déjà, s'imaginait qu'on lui dise « oui », voyait des fiches de paie danser devant ses yeux, quand une grosse voiture noire a ralenti à son niveau. Dedans, un homme d'une quarantaine d'années, beau gosse, a baissé la vitre automatique et lui a souri. Il a demandé :

— Vous cherchez du travail, mademoiselle ?

— En effet, oui.

— Ça tombe bien, je peux vous aider.

— Ah, comment ça ?

— Mon métier est d'être formateur !

— ...

— Je peux vous aider.

— Oui, mais là, j'ai un rendez-vous.

— Je vous emmène si vous voulez, vous gagnerez du temps. Et si ça ne marche pas, on verra ce qu'on peut faire.

— Merci, d'accord, avec plaisir.

Ma mère a grimpé dans la grosse voiture noire, joyeuse.

Il l'a aidée, comme il avait promis. Il l'a emmené boire des cafés au McDo, déjeuner au Flunch, et lui a acheté des vêtements. Pour elle, il dépensait sans compter, elle se sentait tellement aimée. Elle profitait, se laissait faire, se laissait impressionner par ce play-boy qui passait la chercher, la clope à la bouche, comme un acteur de cinéma, et l'emmenait faire la tournée des centres commerciaux.

Ma grand-mère, depuis la fenêtre de la cuisine, le voyait se garer au bas de la tour et fronçait les sourcils. Sa fille était joyeuse, bien sûr, mais ce type, elle ne le sentait pas. D'abord, il était trop âgé pour elle. Ensuite, elle ne le connaissait ni d'Ève ni d'Adam. Elle aurait voulu être sûre qu'il reste respectueux et qu'il ne lui prenne rien sans l'épouser.

Elle avait un mauvais pressentiment.

Qui s'est confirmé peu de temps après. Ma mère était enceinte de moi et a créé le choc dans sa famille. On lui a proposé immédiatement d'avorter, mais elle a refusé, confiante, certaine que son amant chéri l'épouserait. Alors, elle a couru chez lui pour lui annoncer l'excellente nouvelle.

Elle connaissait l'adresse de son appartement, il l'y avait emmenée le lendemain de leur rencontre. Ce n'était pas loin, quelques immeubles plus loin dans la cité.

Le cœur battant, elle a sonné. Une minute a passé avant que la porte s'ouvre et qu'apparaisse une femme qui a regardé ma mère avec colère avant d'appeler son mari.

L'amant chéri, donc, avait omis de dire à ma mère qu'il était marié mais n'avait pas oublié d'avouer et de promettre à sa femme qu'il ne la quitterait pas.

Appelé par son épouse, il s'est présenté sur le seuil et a fait face à ma mère. Les mots qu'ils se sont alors échangés, maman ne s'en souvient plus. Trop renversée, trop abîmée par sa découverte. Elle se rappelle lui avoir dit quand même qu'elle était enceinte. Et mon dossier complète son récit en mentionnant que l'amant chéri a refusé de me reconnaître.

Sachant qu'elle serait seule, elle n'a pas davantage décidé d'avorter. A-t-elle continué d'espérer malgré tout ? Est-ce précisément ce qui l'a rendue dingue, de croire qu'il finirait, grâce à moi, son enfant, par lui revenir, l'amour perdu ? En tout état de cause, c'était assez compliqué dans sa tête pour qu'elle me garde alors qu'elle était totalement anéantie.

Malgré son état psychologique grave, sa grossesse s'est déroulée sans difficultés et elle a accouché le 3 novembre 1994 à 18 h 15. Malgré tout, je suis né.

Mais à peine m'a-t-elle donné naissance qu'elle a été prise de sa première crise de délire. Elle n'a jamais pu s'occuper de moi, dès mes premières heures, il a fallu trouver d'autres bras que les siens. C'est comme ça qu'on m'a déclaré « enfant de l'État ».

5

Les bulles et la nuit

Je ne me lasse pas de regarder la mer. Et, surtout, de la respirer. L'océan Atlantique a cette odeur salée et chargée qui enivre facilement quand on a été trop privé d'air. Le contraste des rochers noirs et du bleu du ciel et de la mer, je trouve ça super-beau. Depuis deux jours, je suis scotché à l'horizon. Je me balade partout pour l'observer de tous les points possibles de l'île.

C'est tout petit ici. Ici, c'est Hoedic, un mouchoir de poche en terre hérissé d'une fortification Vauban et de quelques rares maisons auxquelles les habitants accèdent avec de petites charrettes, les voitures étant interdites.

Les meilleurs moments du foyer, c'est quand on en prend congé. Ça dure généralement deux semaines et ça marche sur moi comme un soda, un truc à bulles, euphorisant. Qui rend le retour d'autant pénible.

Au foyer, les éducs se servent sans se priver du crédit vacances. Le reste de l'année, dès qu'on fait une connerie légère, ils agitent les « transferts », c'est comme ça qu'ils appellent nos déplacements de loisir, ils nous accusent d'un ton dégoûté d'être des ingrats, incapables d'apprécier et de se contenter de ce qu'ils considèrent comme des vacances de luxe. Ils soulignent que tant d'enfants, qui ont leur famille, eux, n'ont pas les moyens du dépaysement. Cette insistance à faire remarquer leur geste le gâche.

On paie tellement cher ces vacances qu'il n'est pas question de ne pas en profiter à fond.

Alors, cette fois, je remplis mes poumons dès les premiers jours pour être certain de garder de quoi survivre ensuite. L'ambiance au camping est joyeuse, les plages sont jolies, le sable est fin et l'eau assez froide pour qu'on s'amuse à s'y jeter tout habillés.

Je passe de moins en moins de temps avec les autres parce que je me suis fait une amie qui n'est pas du foyer. Elle habite dans une maison avec ses parents. Elle a deux ans de plus que moi et beaucoup de problèmes, elle aussi. Elle est atteinte d'une bizarrerie incurable appelée « maladie des os de verre ». D'après ce qu'elle m'explique avec un air pas triste du tout, elle est si fragile que le moindre choc sur l'un de ses membres le casse comme du cristal. Bref, elle est friable. Et ça la rend précieuse.

Sans beaucoup nous parler, nous nous entendons bien. Nous passons du temps à guetter les bateaux sur la mer, à suivre leur sillage, à nous projeter dans leurs voiles. Ensemble, nous nous sentons bien, et ça suffit. Une complicité douce que je n'ai avec personne au foyer. Mes copines, normalement, sont bien plus dissipées, rentre-dedans, et délurées.

Laura, elle, ne peut pas être tout ça. Forcée d'être posée, aussi calme qu'un objet ultra-fragile. Sa délicatesse, ses silences, son écoute subtile me font du bien. Les éducateurs s'en aperçoivent et me laissent déjeuner presque tous les jours chez elle. Ses parents, bien que me sachant un gosse de l'ASE, me reçoivent sans peur. À leur table, je pourrais presque m'imaginer être un enfant normal.

À Hoedic, je coule des jours heureux.

Mon trajet d'enfant poussé du nid me rend apte à les sentir et à les compter, ces jours.

J'en ai eu d'autres, les tout premiers temps.

*

Bébé placé dans une bonne famille, j'ai reçu de l'amour à un moment crucial. J'ai conscience aujourd'hui que c'est ce qui m'a sauvé. Je le sais parce que j'ai vu d'autres gamins, jetés comme moi à peine poussé leur premier cri. À se demander si ce n'est pas d'avoir osé crier, osé naître, qui les a perdus. Ils ne s'en sont pas sortis parce que, à aucun moment, ils étaient bien tombés.

À chaque saut, un truc s'était brisé en eux et aucune colle, aucune tendresse n'était venue ressouder un peu leur être démantibulé, abandonné au trajet glacial de leur dossier de cas social.

Moi, j'ai eu de la chance. À l'âge de 18 mois, j'ai atterri chez Émilie D., une charmante dame, anciennement professeure, touchée par le nourrisson esseulé que j'étais. Fraîchement sorti de l'usine d'enfants malheureux, j'étais nu avec, épinglé sur la couche, mon numéro de matricule.

Émilie a fait comme si elle était ma mère. Elle m'a nourri, m'a bercé, m'a consolé quand je pleurais, m'a soigné. Elle a rendu mes premiers temps de faux orphelin presque magiques. Surtout, elle m'a fabriqué des souvenirs souriants : un petit jardin dont je devais m'occuper, un cerf-volant sur la plage, des promenades en bateau-mouche, un chat noir câlin, des montagnes de jouets et de peluches. De l'amour au robinet.

Ça a duré quatre ans. Un record de bonheur. Parce que, en plus de cette véritable maman adoptive, je recevais aussi l'affection de sa sœur, Agathe V., qui habitait tout près et passait beaucoup de temps avec nous. Célibataire, sans enfants, cette deuxième présence maternelle s'est peu à peu dilatée dans mon cœur et dans ma vie. Agathe s'est attachée à moi et a pris de plus en plus la responsabilité confiée à l'origine à sa sœur…

Tout était parfait pour moi puisque je vivais comme n'importe quel enfant. J'étais si heureux en sa compagnie que je rechignais, paraît-il, à aller à l'école. Mais ça ne pouvait pas s'éterniser. C'est le principe du bon. Si j'ai bien compris, ça ne dure pas.

Émilie D. a souhaité déménager, se déplacer dans le sud-est de la France pour améliorer sa qualité de vie.

Elle s'imaginait qu'elle pourrait m'emmener avec elle et son mari. Mais l'ASE s'y est opposée, estimant qu'il m'était préjudiciable de m'éloigner de ma mère naturelle. Alors Émilie, qui commençait de se sentir coupable, a fait une demande d'adoption. Ma mère aurait été d'accord, elle acceptait toujours tout me concernant. Elle aurait signé le dossier sans problème. Mais, encore une fois, l'ASE n'a pas voulu. Il ne s'agissait plus vraiment de mon bien-être mais de celui de ma mère. Lui retirer définitivement l'autorité parentale, la priver de l'idée d'être quand même ma mère sur le plan administratif, aurait pu lui être fatal.

Je suis son unique lien avec le réel, sa seule chance d'être un peu au monde.

Alors il a fallu quitter Émilie D. et l'univers en rose et bleu qu'elle avait tricoté pour moi. J'ai pu emporter mes peluches, surtout ma préférée, le petit ourson que ma maman temporaire m'avait offert. Il était un meilleur ami attentif aux histoires que je lui racontais et compréhensif. Un genre de pote à moitié imaginaire qui rassure en toutes circonstances.

Au moment de sortir d'un cocon, j'en avais tout particulièrement besoin, de mon ours.

Agathe, la sœur aimante, était en colère. Elle en voulait à sa famille de quitter Paris et de me laisser en plan, leur reprochait leur égoïsme. Mais n'a jamais réussi à les dissuader de partir.

Finalement, ils sont venus me chercher dans ma « petite maison dans la prairie ». Je sais que je pleurais beaucoup, que je ne voulais pas me laisser faire, que je réclamais Émilie. Je sais aussi que, lorsque j'ai vu l'horrible dame blonde qui allait m'embarquer, j'ai hurlé deux fois plus fort. Pour les enfants, l'habit fait le moine. À 5 ans, j'avais l'âge de sentir que j'étais en train de tomber dans les griffes d'une sorcière.

Une intuition horrible et des mois qui lui ressemblent. Je suis tout petit, mais ça ne compte pas.

*

Regarde, les petits, on les enferme dans des placards, dans des caves, dans des voitures. On les prive de nourriture, de câlins. On les torture, on les livre en pâture sexuelle à des adultes, on leur tire des balles dans la tête, on en fait des soldats, on les fait travailler quatorze heures par jour, on les utilise dans des guerres entre adultes, on les bâillonne, on les abandonne sans croquettes.

Dis-moi, s'il te plaît, pourquoi ces petits-là, on les met au monde ?

Dis-moi, s'il te plaît, ça sert à quoi de fabriquer de la souffrance, encore plus de souffrance ?

Dis-moi, quand on a les moyens de baiser sans procréer, pourquoi on ne s'abstient pas, de procréer ?

Écoute et promets que toi, tu ne feras pas ça. Faire un enfant trop légèrement, comme ça, comme on fait une petite course à l'hypermarché.

Tu sais, un enfant, c'est sérieux.

Tu sais, un enfant, c'est tout neuf, ce n'est pas fait pour être jeté.

D'ailleurs, on n'a pas le droit, c'est inscrit dans la loi. Mais la loi, il y en a qui la négligent sciemment, ou simplement parce qu'ils ne la connaissent pas. C'est évident, pourtant.

Les droits de l'homme, tu vois ? Figure-toi que l'enfant a les mêmes. Oui, parce qu'un homme, pour être en mesure de le devenir, est d'abord un enfant.

Les droits de l'homme que l'enfant, mort, n'est jamais devenu, on s'en fout, non ?

6

Poubelle !

La grosse dame blonde ne s'épargne aucun effort pour me faire mal. Comme s'il fallait compenser négativement Émilie. Avant de s'en prendre directement à moi, la méchante a commencé par mes peluches. Elle a attrapé l'ours par une patte, me l'a mis sous le nez et l'a balancé dans un sac-poubelle. Ont suivi les autres, une par une, histoire de faire durer la torture.

Elle aurait fait pareil avec moi si elle n'avait pas été tenue de me rendre vivant à un moment aux Services sociaux.

Ils ne voient pas le cauchemar. Pendant deux ans. Pour un enfant, c'est une éternité.

Des mois dans le giron immonde de cette thénardière d'aujourd'hui. L'enfant presque capricieux que j'étais devenu dans les douces mains d'Émilie et d'Agathe s'est modifié.

Je ne vais plus à l'école, je ne vois aucun autre enfant. Et quand des gens viennent rendre visite à ma tortionnaire, elle m'enferme dans un réduit pour les balais. Je ne sors jamais de chez elle, elle me garde comme dans une prison.

J'ai oublié jusqu'au vert des arbres, moi qui passais des heures avec Émilie dans son jardin. J'ai oublié les sourires gentils, les cadeaux pour mon anniversaire, la tête exacte de mon ours disparu. J'ai oublié le contact doux de la fourrure du chat noir, les yeux qui brillent quand je fais des bisous.

J'ai oublié les bisous. J'apprends les coups.

La méchante me frappe dès que je pleure ou hurle. Elle ne me nourrit pas trois fois par jour comme elle le devrait, comme elle est payée pour. Elle me fait dormir sur une planche en polystyrène, sans oreiller, sans doudou, sans rien.

Avec la nuit.

Deux années de trou, de 4 à 6 ans, dans ma croissance. Comme un condamné longue durée qui perd en taule, coupé du monde, la notion de l'espace et du temps. Les histoires qui font peur, normalement, on aurait dû me les raconter, pas me les faire vivre. Les mauvais rêves, d'ordinaire, quand on est gamin, on apprend que ça n'existe pas vraiment, qu'il ne faut pas les craindre comme s'ils étaient réels.

Là, j'étais perdu dans la matrice du mal et n'espérais pas la délivrance. L'espoir, c'est une considération d'adulte. Petits, on ne se projette pas, on n'en a pas le pouvoir puisqu'on n'a pas encore les perspectives. On est englués dans le temps présent. On reste suspendus comme des oisillons au bec ouvert et si on ne nous donne que des serpents, nous les prenons.

Après deux ans de séquestration, les Services sociaux ont compris que j'étais victime de mauvais traitements et qu'il fallait me retirer d'urgence des mains de cette femme. D'urgence, oui.

Je ne crois pas que cette femme ait jamais été inquiétée pour ce qu'elle m'a fait subir. J'ai préféré gommer cette période affreuse de mon esprit, j'ai oublié les détails les plus douloureux. Mais la nuit, parfois, le visage bouffi et les petits yeux méchants réapparaissent dans l'embrasure de la porte.

On m'a racheté des peluches pour me consoler de l'inconsolable. Un petit lapin gris a remplacé tant bien que mal l'ours que l'infâme avait foutu à la poubelle. Madame P., Tata, a essayé d'être gentille en me récupérant pour effacer les sales traces faites par les adultes. Mais c'était déjà trop tard, pour elle comme pour moi. Je n'étais plus le petit ange choyé par Émilie. J'avais fréquenté le démon et il m'avait tatoué. C'est contre cela qu'elle luttait confusément en me perfusant aux médocs.

Au foyer, le petit lapin gris est lui aussi devenu une victime. Comme d'habitude, on attaquait mes peluches avant moi…

*

Tu es là depuis quelques mois déjà et tu connais les us et coutumes du foyer.

Tu as vu ce qui se passe dans les couloirs, dans les douches et les toilettes, les tacles, les poings dans les bras, les croche-pieds, les baffes, les caresses forcées, les jeux scato sadiques, les humiliations en tout genre.

Si tu oublies que tu te trouves en France, tu peux facilement te croire à Guantánamo en version junior mais tout aussi trash.

Tu as entendu, le soir, dans ta chambre, le rire cruel des grands qui se pointent et réveillent d'une énorme tarte un petit. Tu as entendu le petit pleurer et tu as même réussi à le détester de t'empêcher de dormir avec ses sanglots de faible.

Tu t'es entendu garder le silence quand les grands sont revenus pour toi, pour t'exploser toi aussi, te signaler le pouvoir. Tu encaisses.

Tu ne veux pas être le faible, celui qui chiale. Tu ne veux pas être toi, au fond. Tu évites les embrouilles, tu réponds aux éducs spé et tu t'es mis à fumer, à mal parler et à faire du mauvais esprit.

Tu renierais presque tes peluches pour être certain que tu pourras être fort. Tu peux le prouver, tu survis ici. Tu as 12 ans.

Comme dans un jeu télé, tu veux gagner, tu veux durer. Et tu t'endors avec cette idée fixe que, toi, tu en réchapperas de tout ça.

Pas comme Angelina, retrouvée pendue à la barre de son lit.

Tu n'as pas voulu croire, malgré tout ce que tu as vu et entendu, les rumeurs sordides à ce sujet. Tu t'es bien bouché les oreilles, mais l'image flotte en toi comme une odeur de torrent.

Tu te détends pourtant quand le week-end éloigne les autres, les monstres, et te cède un peu de solitude, un peu d'intimité. Tu te couches presque serein, tu n'es pas obligé de faire le dur ce soir quand tu reçois les coups. Ce soir, tu éviteras les coups, exceptionnellement. Ce n'est pas Noël, c'est week-end. Le gardien de nuit somnole devant un programme télé débile. Et, toi, tu vas t'endormir, malgré la lumière du néon que tu as oubliée.

Mais ta porte s'ouvre, un grand, connu pour sa violence épaisse, entre et éteint la pièce. Il te dit de te taire. Comme tu dors à moitié, tu ne comprends pas. Tu ne réagis pas. Et quand il te saute dessus, tu ne peux plus réagir, il est trop tard.

Il transpire, il bande, tu vas vomir. Tu as arrêté de respirer, ton corps s'est crispé, ton souffle s'est brisé, tu es mort. Le porc vient de te crucifier.

Il s'en va quand il a fini et, toi, tu te dégoûtes. L'idée de parler te dégoûte tout autant et celle de te taire aussi.

Quand ça recommence, tu ne le dis toujours pas. Quand tu le croises dans les couloirs, qu'il te colle au mur et, de son haleine fétide, te glisse un répugnant « je t'aime », tu te tais.

Tu ne te rappelles pas qu'on te l'a dit avant, « je t'aime ». Tu ignorais que ça provoquait la nausée.

Ta dernière chance d'être digne d'amour vient de se tirer avec ta dernière idée acceptable de toi-même.

7

En vrille

L'odeur des pins, ça nous rend un peu fous. Déjà l'année dernière... Dans le car, dès qu'on a passé Bordeaux, on a commencé à la humer et à se battre à l'arrière. Les éducs ont l'habitude qu'on fasse les cons pendant les transferts. Ils essaient quand même de nous cadrer, mais ne veulent pas nous empêcher de nous réjouir. Nous partons en vacances, ils nous répètent assez que c'est une bonne nouvelle, un luxe que nous ne méritons pas.

Évidemment, nous, on n'a pas la même manière de montrer notre joie que les autres gamins. Chez nous, c'est une sensation rare, alors elle s'exprime de façon sauvage, un peu brute.

La vie de camping est préférable à la vie de foyer. On est un peu plus libres, on respire, on se baigne en essayant de ne pas se noyer. Je fais partie de ceux qui ont appris à nager, mais les copains, eux, se débrouillent assez mal. On dirait des chiots handicapés quand ils se jettent à la baille.

J'ai fini par me faire des potes, des garçons. Ils ne sont pas les plus recommandables du foyer, mais on ne sait pas bien finalement qui est recommandable. J'aurais tendance à dire qu'on l'est tous, au début, quand on arrive. Plus ou moins, en fonction de ce qui s'est passé avant, des proportions dans lesquelles on a déjà été abîmés dans le ventre de notre mère et après l'expulsion.

Au bout de quelques mois, on est déjà en voie de modification. Quand on est jeune, on est poreux, l'imprégnation se fait rapidement. On note que les moins fréquentables sont justement les plus respectés, par leurs congénères et par les éducs spé qui se lient avec eux.

Je suis souvent fourré avec Pasteur, un grand Haïtien, toujours prêt à déconner. On traîne dans le camping, on furète, on se demande quoi faire de marrant. Un de nos passe-temps favoris est de manger. Pour nous satisfaire, il y a la supérette et la petite pizzeria du camping. On s'y goinfre.

Là, il n'est que 11 h 30 et on est déjà affamés. La perspective d'une pizza nous fait saliver. On se pointe, Pasteur et moi, tout guillerets. Le type qui commence le service, une trentaine d'années et une tête de mauvaise humeur, nous toise en nous voyant. Puis, il tourne la tête et se remet à faire ses trucs comme si nous n'étions pas là. Comme il ne nous calcule pas, je dis « Bonjour, on peut commander ? » Mais ça ne produit aucun effet. Alors je répète ma phrase, avec un ton qui n'est toujours pas monté.

Ce que je dis et la manière dont je le dis importent peu. Le gars a décidé qu'il n'aimait pas nos gueules, qu'il ne nous servirait pas. C'est manifeste et ça devient criant quand, en s'adressant à moi, le visage tordu par la haine, il hurle : « Sale Arabe ! »

Il tombe mal. Il m'aurait dit ça à mon arrivée au foyer, j'aurais ri. Je crois même que je n'aurais pas compris son insulte tant je ne me sentais ni ne me voyais algérien. Mais, au contact des autres, en voie de dissolution, j'ai attrapé les branches de mes racines et me suis mis à les serrer très fort. Maintenant, je revendique. Si la France, c'est l'administration, celle qui me gère comme pestiféré, alors je préfère être algérien. Si la France, elle m'indique que je suis algérien, alors j'en conclus qu'elle ne veut pas que je lui appartienne. Seule exception : celle qui s'est le plus battue pour moi ces derniers temps est plus blanche que neige. Agathe V., la sœur d'Émilie, qui essaie d'obtenir l'agrément pour que je passe mes week-ends chez elle, dans le 15e arrondissement de Paris.

Je ne sais pas toujours bien d'où je viens, mais je sais à qui j'appartiens. À une minorité. Et j'ai observé chez les autres qu'il valait mieux en faire une fierté que d'avaler la honte que la majorité tentait de nous faire boire.

Ça ne veut pas dire que je me suis mis à faire la prière – j'ai un peu de mal avec Dieu. Ni même que j'ai arrêté de manger du porc à la cantine. Je veux bien être algérien, mais je ne veux pas être davantage pénalisé.

Soit le type ne mesure pas ce qu'il dit, soit, s'il le mesure, il s'imagine que mon âge est un permis accordé pour injure raciale, qu'il m'empêchera de répliquer. Je ne réfléchis pas sur le moment, j'agis, je lâche le contrôle. Il a ouvert la digue. L'odeur des pins, ça énerve.

Je regarde Pasteur un millième de seconde et je bondis. Je le renverse grâce à la force prise dans la course jusqu'à lui. Et je m'étale avec lui par terre, moi sur lui. C'est là que je le roue de coups de poing. Je lui éclate la gueule. Je le massacre. Il n'aurait pas dû m'insulter, il n'aurait pas dû sous-estimer ma violence. Quand j'arrête la pluie de chair et d'os, son visage est en sang et mon coude, qui a percuté le sol au moment de l'assaut, est explosé. Deux mots et tant de dégâts.

Finalement, c'est moi qui suis allé à l'hôpital. Ma rotule était cassée et il a fallu me poser une attelle. J'étais dégoûté en fait. Mes vacances venaient d'être gâchées, je devais rentrer à Paris avec mon bras en écharpe. La directrice de la colonie a porté plainte contre mon agresseur qui a seulement écopé d'une petite main courante. Quant à moi, on a dit que je n'étais pas forcé de sortir de mes gonds et de frapper. Avec moi, on tenait un discours hypocrite. Il était clair que n'importe qui aurait agi pareil. Au fond, ils me comprenaient, voire ils me soutenaient. Mais ils ne pouvaient pas l'admettre officiellement, reconnaître que j'avais eu raison de me comporter en sauvage.

*

L'année d'avant aussi, j'étais rentré à Paris prématurément. En revanche, cette fois-ci, ils n'étaient pas du tout d'accord avec moi. Personne ne m'avait traité de « Sale Arabe » ou dit quoi que ce soit. Il n'y avait pas de raison. Si, les pins…

À cette époque, je suis déjà avec mon pote Pasteur et assez excité de revenir à Biscarosse où, l'été précédent, je me suis éclaté. À peine arrivé, je dois dire que je fais fort. J'écris au feutre sur la tente en grosses majuscules : « Nique le foyer ». Ça énerve direct les éducateurs. Je suis devenu un « meneur », le créatif-actif qui trouve les idées de conneries et les réalise, souvent avec l'aide d'autres individus, plus faibles ou plus influençables ou encore liés par l'amitié. Détériorer le matériel, emmerder les autres enfants mais aussi les gens normaux du camping… Je m'amuse à leur faire peur en étant un enfant de l'ASE qui ne connaît pas de limites.

Le jeu le plus courant consiste à taper dans la toile de la tente pour donner à ses occupants l'impression qu'elle s'écroule. Nous pouvons aussi imiter les grognements d'une bête genre marcassin, voler la bouteille de pastis quand le père de famille se retourne pour surveiller le barbecue. Avec Pasteur, à chaque fois, nous rions comme des fous. Mais, le problème, c'est que je reste insatisfait, il me faut plus ; plus con, plus fort, plus libre. Je ne sais pas très bien pourquoi, mais je me sens appelé au large. Au foyer, j'ai passé le cap du mal, de mauvaise espérance.

Un moniteur tente de me calmer, mais il choisit mal ses mots, ou peut-être que je n'ai pas envie de les entendre. On me reproche de mettre un peu trop d'animation dans le camping au moment où, précisément, je commence à m'ennuyer et à chercher d'autres activités distrayantes. Alors je réagis vivement, ce que mon interlocuteur, en charge de l'autorité, n'apprécie pas. Ça clashe. Je rejoins ma tente, récupère mon sac et Pasteur.

On part. Je veux la liberté, retrouver la superambiance de l'année d'avant, je ne veux plus voir le mono. On court, contourne, enjambe. On réussit à sortir du camping. Avec, à nos trousses, tout le staff de la colonie. Je jette un œil de temps à autre pour vérifier qu'ils ne nous rattrapent pas, ils transpirent, glissent dans le sable, s'accrochent, pendant que le vent des pins nous porte.

Au bout d'un moment, nous ralentissons. Je regarde Pasteur, en nage, et mort de rire. Nous sommes contents de nous. Presque fiers. On revoit, hilares, la tête des moniteurs, quand ils nous ont aperçus avec nos sacs.

Pendant six heures, on sillonne Biscarosse et on fait ce dont on a envie. Ce n'est pas grand-chose. Se baigner, bouffer, se raconter des histoires, se tailler pour rigoler, évoquer les autres copains pour les emmener virtuellement dans notre fugue.

Le problème, c'est que nous ne pouvons pas rester en fuite. Nous en sommes très conscients : la liberté s'arrête où commence le manque de moyens. Rester toute notre vie à Biscarosse, en soi, ça nous plairait, mais ce n'est pas possible. Alors, après une rapide concertation, nous décidons de retourner au camping. La punition, on l'avait devinée : rentrer à Paris dans l'heure alors qu'il nous restait encore une semaine de vacances. Mais, avec Pasteur, on s'en fout. Nous avons gagné en quelques heures ce que sept jours ne nous auraient pas donné. Une bouffée d'air océanique très pure, un sentiment d'être, un court instant, maîtres de notre destin pourri.

8

Combat de chiens et loups

Ma ruée dans les brancards, je ne peux pas en faire porter aux pins l'unique responsabilité. En grandissant, il faut l'avouer, je ne m'arrange pas. Au contraire, je me dérange. Plus j'ai fait ma place au foyer, et plus, en réalité, j'ai changé. Avec les autres, la meute qui hurle pour rappeler qu'elle est là et mord, pour qu'au moins on porte la main, à défaut des yeux, sur elle.

Plus j'ai subi, plus quelque chose en moi s'est hérissé et s'est mis à déchirer tout ce qui passait. Oui, je suis devenu coupant et sauvage. Plus j'ai enduré les coups, les baffes, les privations, les caresses ignobles, les humiliations, plus je suis devenu un insoumis. La part de civilisation qu'Agathe D., la sœur d'Émilie, m'a affectueusement implantée a été dévastée par la thénardière, les médocs et le foyer. Elle essaye, quand on se voit parfois le week-end, de la réchauffer.

Agathe déteste me voir shooté aux médocs et s'oppose à ce que je les prenne quand je suis avec elle. Ça a créé des embrouilles avec l'ASE, mais elle assume, défend l'idée que la prise massive de produits aussi forts me casse totalement. Elle me reconnaît à peine, je crois.

Après un an et demi de foyer, j'ai eu le droit de cesser de m'empoisonner. Et, à l'évidence, ça m'a changé. Le fantôme gras et apathique s'est transformé en ado de 13 ans. Petit agité, donc. Avant, on me créait des problèmes, depuis, c'est moi qui les provoque.

*

À l'école, ça ne se passe pas au mieux. Il faut dire que je m'ennuie à mourir. Aucune matière ne trouve grâce à mes yeux et, pire, certains professeurs suscitent même chez moi un certain mépris. Que j'ai un peu de mal à ne pas afficher, voire à ne pas démontrer concrètement.

Une prof de sport a comme ça réussi à exacerber chez moi le rejet. Bien sûr, je n'ai pas du tout d'affinités avec sa spécialité. Mes problèmes de poids, le peu d'assurance de mon corps, ma pudeur maladive m'empêchent de prendre un quelconque plaisir à ses cours. Et le côté rugueux de sa personnalité et de son physique ne m'aide pas davantage à l'apprécier. Sans compter que j'ai beaucoup de mal avec sa coupe de manga dessinée au gel. J'ai donc tendance à être très dissipé, profitant de la liberté plus grande dans le gymnase ou au stade pour faire le couillon. Résultat, je suis collé presque tous les mercredis après-midi. Ce qui ne m'arrange pas du tout, les mercredis sont sacrés : ce sont les jours de visite médiatisée à ma mère, pendant lesquels je récupère mon argent de poche et mes clopes. En être privé plusieurs semaines consécutives m'a poussé à bout.

Un jour, je décide que je ne vais pas honorer sa colle, mais plutôt aller voir ma daronne. Je joue franc-jeu. Je vais au stade où m'attend la prof pour me faire suer et je lui annonce de but en blanc, en la tutoyant comme j'en ai pris l'habitude : « Écoute-moi bien, je dois aller voir ma mère cet après-midi, alors ta colle, tu te la fous au cul ! Je me casse. » C'est ce que je dis, littéralement.

Et je joins le geste à la parole, je balance mon sac par-dessus la grille et me tire en courant. Mais, en bonne sportive, elle me course et me rattrape par les cheveux, puis elle me chope l'oreille en pinçant et m'oblige à la suivre. Nous traversons tout le stade et les couloirs jusqu'au bureau de la proviseure. Laquelle ne peut pas nous recevoir tout de suite. Alors, elle me plante devant la porte et commence, pour me narguer et me faire flipper, à faire les cent pas, un petit sourire au coin des lèvres. J'ai bien compris qu'elle cherche à m'humilier et m'énerver, pour se venger de tous les cours que je ravage depuis le début de l'année. Je tente de ne pas bouillir plus, de la regarder sans la voir.

Seulement, son passage incessant devant moi, cette tête-là, avec ce rictus imbécile, ces petites piques blondes sur son crâne, cette dégaine balourde, tout ça me monte au cerveau. Je ne peux pas m'en empêcher : je me jette sur elle et la claque tant que je peux. On ne frappe pas les femmes, je suis au courant. Mais ça, c'est dans le monde normal, parce que, au foyer, la distinction des sexes ne se fait pas vraiment quand il s'agit de violence. Les filles, elles tapent aussi. Du coup, je me défends. Je n'ai pas en tête les règles des gens bien élevés. Je ne suis pas bien élevé de toute façon. Pas élevé tout court. Alors, je me rabaisse à taper les profs.

Les murs qu'on met autour de moi pour me faire tenir debout ne servent qu'à m'écorcher, qu'à me déformer parce qu'ils sont trop étroits. On les a construits comme ça pour me cadrer, comme des tuteurs pour mauvaises herbes, comme des lignes de séparation entre moi et moi-même. Je peux toujours me fatiguer à creuser des tunnels, si j'arrive à sortir de l'autre côté, je ne suis pas présentable. Je sens le béton, je pue le ciment.

Il y a des adultes qui ouvrent des fenêtres, bien sûr. Ils montrent le bleu du ciel et disent : « Regarde, si tu le vois, tu peux l'atteindre. » Mais je ne l'ai jamais vu, je peine déjà à trouver l'ouverture. La lumière, je ne suis pas accoutumé, elle me fait mal aux yeux.

Je suis donc à cheval sur ma prof de sport devant le bureau du proviseur, et je la claque. Une façon personnalisée de lui démontrer mon aptitude pour sa matière. Desireless pousse des cris aigus d'indignation. Des spectateurs se sont amassés dans le couloir car le pugilat est assez original pour être regardé.

La proviseure a fini par sortir de son bureau et par mettre fin, avec l'aide d'autres surveillants, à la baston. Elle est sincèrement navrée de constater qu'une fois encore je me suis mis dans une sale situation. Même si j'ai souvent mis le bazar dans son collège et lui ai fait perdre beaucoup de temps, elle m'a à la bonne. Je crois que je l'amuse. Quand, finalement, j'ai été définitivement viré, elle m'a écrit une lettre d'encouragement au foyer, d'une gentillesse qui m'a ému. Son courrier était accompagné de fleurs et d'un petit oiseau en papier.

Cette fois-ci, pour m'être énervé dans le couloir et avoir agressé la prof, j'ai eu droit à un conseil de discipline. La prof de sport, elle, a dû naturellement arrêter de tirer les élèves turbulents par l'oreille et de se foutre d'eux.

*

Malheureusement, au collège, cette prof n'est pas la seule personne démunie face à des cas comme moi, qui a la mauvaise réaction : d'autres enseignants et surveillants souffrent et font souffrir quotidiennement. Il y a notamment ce prof de français qui est devenu ma victime principale. Non seulement je ne prêtais aucune attention à ses cours, mais je lui répondais méchamment, en l'insultant, quand il se permettait de me faire une remarque. Au bout d'un moment, il a cédé, il est parti en congés maladie. On ne l'a pas revu au collège. Plus tard, de cela aussi je ne serai pas fier.

À l'image des gamins du foyer qui n'ont pas le courage et la force de se défendre, les profs de l'établissement ne sont pas toujours en mesure d'affronter des phénomènes. Soit ils s'écroulent, comme le prof de français, soit ils deviennent méchants et recourent aux grands moyens pour imposer leur autorité branlante.

Un surveillant, Boris, totalement inadapté à son poste et, en conséquence, objet de brimades en tout genre, se montre malveillant envers moi. D'emblée, il n'a pas pu m'encadrer et a guetté mes moindres incartades pour les dénoncer.

Nous n'avons pas l'autorisation de traîner dans le couloir pendant les pauses et il nous est donc difficile de trouver une issue pour fumer. Mais, moi, j'ai repéré la vitre cassée d'une grande fenêtre et estimé que j'étais assez petit pour passer et sortir. Ce que je fais. Au moment où je me glisse furtivement dehors, je sens qu'une main derrière moi s'apprête à m'attraper. Boris regrette instantanément son initiative : je mords cette main, je la serre si fort entre mes dents qu'un goût métallique de sang envahit ma bouche. Quand, quelques secondes plus tard, je décrispe la mâchoire et lâche la paume, elle est vermillon et dégouline partout. Carnage pour une cigarette.

Je laisse finalement la main du surveillant tranquille, mais j'ai eu le temps d'y laisser une empreinte. Mes tympans vibrent encore des cris qu'il a poussés sous la douleur. Il est hystérique : s'il pouvait me massacrer, il le ferait. Compte tenu de la gravité des blessures, il est décidé qu'un simple conseil de discipline ne suffira pas : on m'emmène au commissariat pour me donner une leçon. Boris dépose plainte contre moi.

Oui, mais voilà, je serai convoqué seulement un an plus tard pour lui avoir bouffé la main. Reçu par le juge, je suis penaud et hésitant sur les raisons qui m'ont conduit à tant d'incivilité. Je sens comme un décalage, car je me suis entre-temps assagi et ces excès me semblent soudain commis par un autre, lointain, que je ne renie pas, mais que je ne comprends plus vraiment.

J'ai écrit une belle lettre d'excuse, j'ai largement insisté sur mes regrets. Et ça a été tout. Ce jour-là, j'ai évalué ma chance et décidé que j'éviterais à l'avenir de me retrouver au tribunal ou chez les flics.

Ceux de la ville du foyer me connaissent bien. Parce qu'avant la séquence anthropophage avec le surveillant, il y a eu d'autres épisodes regrettables. Une petite cinquantaine en tout…

Je les ai tous soigneusement oubliés, sauf le premier. On se rappelle toujours les premières fois. Mon erreur cette fois-ci s'est limitée à la parole. Les mots, j'ai dû l'admettre alors, ont aussi leur gravité.

Il s'agit d'une autre prof avec laquelle les relations étaient compliquées, qui m'a rendu une copie avec une note déplorable et des commentaires assez humiliants. J'avais beau être habitué aux remarques désagréables sur la qualité de mon travail, aux ratures rouges partout, aux regards courroucés, j'ai estimé cette fois-ci que l'enseignante exagérait, qu'elle développait trop son propos sur mon compte. J'en ai eu marre, je l'ai menacée de mort.

J'avoue que c'est excessif comme réaction, à la mesure de son insistance à théoriser sur ma nullité.

J'ai dû être assez convaincant au moment où je l'ai prévenue que, si elle ajoutait un mot de plus, elle allait mal finir, parce qu'elle m'a pris au sérieux. J'ai dû dire : « J'vais te tuer », et elle se l'est représenté, en vrai. Totalement effrayée, elle a prévenu la direction qui a contacté la police. J'ai donc été appelé au commissariat et, là, j'ai passé deux heures à me faire engueuler et intimider à mon tour. On m'a décrit par le menu ce que je risquais à trop faire l'idiot, à insulter les adultes et à les taper. Ils ont évoqué la garde à vue et, derrière, ils ont brandi l'image de l'avenir en cellule, de l'absence d'avenir. Globalement, ils me disaient que j'avais déjà eu un passé de merde, et ce n'était pas la peine de me forger un futur aussi foireux. Évidemment, ils n'avaient pas tort.

Par la suite, j'ai évité les bêtises trop graves pour ne pas ruiner totalement ce qui déjà me semblait assez compromis : ma vie.

*

Statistiquement, avec ma cinquantaine de visites chez les policiers, j'étais plutôt dans la moyenne de mes codétenus du foyer. Malheureusement, certains d'entre eux n'ont pas su s'arrêter avant de plonger. Mon pote Abdoulaye, par exemple, est allé au bout de la pente sur laquelle le foyer nous a tous installés. À l'époque, pourtant, il était plutôt discret, plus que moi, et moins déconneur. Mais il s'est mis à se droguer, et son père l'a sorti du foyer et envoyé comme un paquet au Mali. Quand il en est revenu, il était à moitié dingue. Jamais personne n'a su ce qui s'était passé là-bas. Pasteur et moi, on s'est vite rendu compte qu'il était modifié. C'était marqué sur son visage.

Puis ça a empiré. Une fois majeur, sorti du foyer, il a commis un viol.

Aujourd'hui, il est en prison.

9

Ce sale objet de désir

Au foyer, tu prends des mauvais plis sur les choses de la vie. Et le sexe en fait partie. Pour toi, ce n'est pas un domaine qui va de pair avec l'amour. Pour les associer, il faudrait que tu saches un peu mieux ce que c'est que l'amour. C'est ça le problème.

Plutôt que d'être couplé avec un sentiment, pour toi le sexe embrasse la violence et le commerce. Le cul s'apprend avec le porno, tu es loin de la dentelle et du rose bonbon. Tu ne déclares rien, tu prends, tu voles, tu violes. Ou si ce n'est pas toi, c'est un autre. Et il se pourrait même qu'il te prenne pour une fille, qu'il te force.

Si une seule fois tu deviens sa chose, alors tu es mort. Il recommencera, te cueillera quand il te veut, te plaquera. Et pourtant, dès le début, tu ne peux rien faire. Il est plus grand, plus fort que toi. Alors tu subis. Voire, si tu es là depuis trop longtemps, tu monnayes ta passivité. Tu te laisses payer pour n'être plus.

*

Au foyer, les filles ne sont pas des filles, mais des putes, ou au mieux des salopes. Je compatis, parce que souvent je suis pote avec elles. Majoritairement, même. Ça a toujours été ainsi : je suis bien plus à l'aise avec le sexe féminin, généralement, ça se passe mieux. Je les trouve plus intelligentes, plus à l'écoute et plus courageuses aussi. Je me suis fait en particulier deux supercopines, Joanna et Naomi. Avec elles, j'ai décidé que c'était à la vie, à la mort. On s'est vus grandir, ou plutôt déraper. On a fait miroir parfois, on s'est parlé, souvent. Mon amitié avec ces deux filles m'a aidé, je me suis lié à elles pour toujours, je les vois encore aujourd'hui.

Quand j'ai croisé Joanna alors qu'elle venait d'arriver au foyer, je me suis marré. C'était un vrai garçon manqué de 11 ans. J'ignore où elle a appris à mettre des coups, mais elle prouvait une sacrée maîtrise du combat. Poings, balayettes, coups de pied circulaires, coups de genou, Joanna avait la réputation d'être redoutable. À juste titre : elle était impressionnante. Et peu s'aventuraient à la provoquer.

Mais, en mûrissant, elle s'est transformée. Avec la puberté, elle a préféré être une femme, elle a changé de look. Elle a opté pour le sexy, seins en avant, fesses en arrière, le tout moulé, prêt pour le regard et l'envie des hommes. Or, les hommes en question ne sont pas plus des hommes qu'elles sont des femmes. Comme moi, ils ont oublié la civilisation parce qu'elle les a oubliés. Avec eux, s'habiller en fille équivaut à exciter des ours ou des chacals.

La boîte de Pandore, Joanna l'a ouverte le jour où elle a accepté de tailler une pipe à un type pour obtenir une cigarette. Elle m'a prévenu avant, ça m'a fait mal. J'ai essayé de la raisonner, de la convaincre de ne pas faire ça, de ne pas se vendre. Pour si peu en plus... Des enfants dont personne ne veut, ça fait des ados qui ne se respectent pas.

Celui qui a bénéficié de sa gâterie bon marché s'est vanté, bien sûr, d'avoir fait une si bonne affaire. C'est si facile, Joanna est si facile, que d'autres ont eu envie d'en profiter aussi. En deux jours, sa réputation était faite, son corps annexé par la collectivité. Car les pipes ne suffisaient pas, ils voulaient mieux, ils prenaient plus.

La baiser durant la semaine avec la présence permanente des éducs n'est pas évident, du coup, c'est le week-end qu'ils font leurs petites affaires. Ils sont plusieurs à l'utiliser en distraction sexuelle le samedi. Pour l'amadouer un peu, ils lui font un vague compliment, lui filent une ou deux cigarettes et une petite caresse sur la tête, comme à un gentil poney. Ça marche, Joanna s'attendrit. Elle s'offre corps et âme sans savoir à qui elle a vendu la seconde. Une voix un peu douce fait pleurer les filles de rien.

Quand le lundi arrive, le ton change. Les « clients » du week-end deviennent ses agresseurs parce qu'ils ont de quoi la mépriser. Eux, les porcs, l'ont souillée gratuitement ou presque, pour ça, ils pensent qu'elle est nécessairement la lie de l'humanité à elle toute seule. Ils l'insultent : « Sale pute ! » Toute la semaine.

Joanna, finalement, est d'accord avec eux. Bien sûr qu'elle n'est qu'une « sale pute ». Qu'aurait-elle pu être d'autre ? Les options manquent cruellement au foyer. Même après, elle ne changera jamais de regard sur elle-même et gagnera de l'argent en michetonnant avec Naomi, notre copine.

Joanna et Naomi se prennent pour des putes, mais ne s'imaginent pas être des prostituées ; il n'est pas clair pour elles qu'accepter du sexe avec des hommes, connus ou inconnus, en échange d'une clope ou d'autre chose les range d'office dans la prostitution. Elles ne prétendent pas même être des professionnelles.

Au foyer, Naomi, ma jolie pote métisse, laisse tout le monde la massacrer. Elle ne s'étonne pas qu'on la maltraite. Elle a atterri ici parce que son père la battait… sa mère aussi. Alors que ses parents étaient en plein divorce, elle, au milieu, n'avait plus de place, plus d'intérêt. La colère avait envahi sa maison et l'en avait rejetée. La taper ou la baiser sans l'aimer revient au même.

Naomi est devenue infréquentable au foyer. Au début, j'ai bien essayé de l'en empêcher, en comprenant que ce n'était pas bon pour elle. Mais je n'ai rien pu faire. Le foyer, c'est plus fort que l'amitié.

Si je ne suis plus la petite chose aux peluches, je n'ai pas beaucoup grandi et ma gestuelle un peu maniérée suscite toujours la moquerie et l'insulte. Comme Joanna, je suis un paria. Rebus de sauvages, mis au ban des exclus, nous sommes à une marge dont on revient difficilement.

Joanna ne se défend plus. Naomi, elle, résiste, mais je vois bien qu'elle sera bientôt comme sa copine, qu'elle écartera les cuisses sans broncher, sans décocher une droite. Elles ont cédé, se sont perdues dans l'enclos du foyer, jolies brebis déflorées.

Angelina, elle, s'est pendue aux barreaux de son lit.

*

Partir, c'est notre obsession. Trop martyrisés au foyer, nous nous convainquons que, dehors, ce sera mieux. Le fantasme de s'échapper pour toujours nous obsède, certains nous font rêver avec leurs histoires d'évasion. Même quand, en réalité, elles sont loin d'être idylliques. Ils finissent toujours par revenir… Si la fugue est une pratique courante, un sport assez facile étant donné le peu de surveillance, seuls les plus audacieux passent à l'acte. Ils se tirent avec pas grand-chose, un petit sac, trente euros et un paquet de clopes puis, en général, ils sont de retour au bout de trois jours ou d'un mois. Une fois, une fille a réussi à battre le record, elle a disparu une année entière. On était tous très impressionnés, elle était notre héroïne. Mais quand elle nous a fait le récit de son escapade, on était d'un coup moins enthousiastes.

Elle a galéré. Et pas qu'un peu. Elle s'est retrouvée à la rue. Au début, elle a squatté chez des connaissances, mais celles-ci se sont vite lassées. Kaina n'avait pas de solution : mineure, elle ne pouvait pas travailler légalement. Ajoutez à cela qu'il ne fallait pas qu'elle apparaisse officiellement pour éviter qu'on la renvoie à la case départ. Alors, les ressources manquant, ses fréquentations dans la rue se dégradant, Kaina a dû « faire pute ». Elle aussi, probablement, couche facilement au foyer. Pour des cigarettes comme Joanna, mais aussi pour de l'argent.

Au foyer, on ne nous donne pas d'argent de poche. Pas les moyens, mais surtout l'idée que nous n'en avons pas l'utilité, que nous ne manquons de rien : nous sommes habillés, mal, nous mangeons, mal, nous dormons, mal, et personne ne nous oblige à fumer.

Quand certains d'entre nous détiennent des euros ou des clopes, c'est qu'ils les ont volés à l'intérieur ou trouvées à l'extérieur. Dans les familles d'accueil dans lesquelles certains passent leurs week-ends, ou dans leur famille naturelle, quand elle n'est pas totalement fauchée.

Pour moi, c'est facile. Depuis quelque temps déjà, j'ai instauré une relation purement intéressée avec ma mère biologique, Leïla. La première fois, jour du péché originel, j'ai refusé de lui parler si elle ne me donnait pas d'argent. Et, malgré la confusion de son esprit, elle a très bien compris mon exigence, sans la juger pour autant comme un chantage. Elle m'aurait tout cédé pour pouvoir me parler. Comme les psychiatres l'ont spécifié au moment de donner des droits particuliers à Émilie, je fais partie de son équilibre – approximatif – mental. Elle me regarde tristement, moi et mon air agressif, vengeur un peu, et racaille. Je crois que j'ai envie de lui faire du mal, de la diminuer en la taxant.

De me diminuer aussi. Aujourd'hui, j'ai honte d'avoir fait ça, de m'être monnayé.

C'est une façon de se vendre aussi, comme les copines aux hommes. Une fois par semaine, je fais ma passe maternelle : je récupère mon billet et mes clopes. L'entrevue dure trente minutes, bien payées. Pour une vie aussi *cheap* que la mienne, vie qu'elle m'a donnée, par erreur. Le mektub, là, il a ripé.

Ainsi, ma mère a pris cette mauvaise habitude et vient toujours à ma rencontre les poches pleines. À chaque fois, je repars un vilain sourire aux lèvres. Hélas, je me fais racketter par plus fort que moi. Le mot est passé que ma mère m'abreuve régulièrement, alors les plus grands, filles ou garçons, me chopent juste derrière :

— Vas-y, file la thune et les cigarettes.

— Ben non, t'es ouf, j'ai rien.

— Mytho, on sait que t'as vu ta mère et qu'elle te refile de la thune et des clopes.

Je n'ai pas trop le choix, je me rends. Je suis, dans ces cas-là, doublement dégoûté. Abuser et se faire abuser, double peine. La mauvaise conscience et la sale, celle de la victime.

Malgré tout, je continue de dépouiller ma mère pendant des mois, pour lui faire payer mon sort. Une façon d'être pragmatique, de profiter des faiblesses de l'autre, de les tourner à son avantage quand elles n'ont été que désastreuses. Maman n'est pas normale. Une maman normale ne céderait pas à ce chantage dégueulasse. Elle, si. J'exploite sa maladie, les failles de son esprit.

J'ai avoué à Caroline, mon alliée éduc spé, que je soutire du pognon à ma mère en la menaçant de ne plus me voir. Elle m'a fait la morale, mais ne m'a pas dénoncé. Elle n'a pas eu besoin. Quelqu'un d'autre s'en est chargé et les visites avec ma mère ont été suivies d'un peu plus près. Elle ne peut plus rien me donner sans qu'on la voie. Nous avons alors mis au point un autre système, adopté un autre moyen d'échange : la poste. Je reçois de sa part des courriers, des colis. Elle glisse des billets dans les livres, et ajoute des paquets de cigarette dans les boîtes de gâteaux. Ma mère est d'accord pour acheter son fils en loucedé.

Elle a cette fonction-là, cette mère-ci. Parce que, et c'est pour moi une source de trouble assez profond, des mères, j'en ai trop. Émilie D. continue de jeter, depuis son exil dans le Sud, un œil sur moi et m'accueille parfois en week-end. Sa sœur, Agathe, s'est rapprochée de moi depuis qu'elle a déménagé. Elle a même fait une demande auprès de l'ASE pour me prendre chez elle régulièrement, ce qu'elle a obtenu. L'administration a accepté car ça ne m'éloigne pas de ma mère naturelle. En revanche, ça multiplie les instances maternelles jusqu'à ce que je ne sache plus où donner de la tête.

On m'aime par petits bouts, comme on peut. Émilie est partie, je lui en veux toujours, mais elle a agi en fonction d'elle aussi. Sa sœur, elle, ne peut m'aimer que deux ou trois jours de suite tous les quinze jours. Quant à Leïla, elle ne sait m'aimer qu'en me refilant l'argent demandé. En réalité, personne n'a autorité et, entre tous ces bras, il y a du jeu, un lien distendu qui me laisse errant, à la recherche de ce que je suis.

*

Tu ne sais pas d'où tu viens et tu te demandes ce qui fait de toi quelqu'un d'aussi mauvais, d'aussi rejeté. Ton malheur, celui de ta mère, tu ne le connais pas. Tu es un dossier, mais tu n'as pas la clé du tiroir pour accéder à ce que tu es. Tu as été placé à la naissance, alors bien sûr tu n'as aucun souvenir de ta pauvre histoire. D'autres en ont, et ce n'est pas mieux. Ils savent qu'ils viennent du pire, de la maladie, de l'alcool, de la drogue, de la haine, qu'ils sont tombés dans la vie au milieu de guerres intimes et souvent déjà perdues. Toi, tu sais que tu as été porté dans le malheur, tu vois ta mère. Tu vois son regard vide et l'abîme que la vie y a creusé. Tu vois ses mains qui tremblent à cause des médicaments et tu te souviens des tiennes et de ton œil morne d'enfant camé, d'ex-petit agité.

Tu erres au foyer et, si par chance, tu t'échappes, tu n'es pas plus un rescapé. Tu retombes toujours. Tu finis toujours dans la merde, tu n'as pas d'allié, tu n'es pas là pour t'aider. Tu n'es personne, personne ne t'aide. Tu es un chien au collier trop serré qui lui fait avancer la mâchoire et tirer sur sa laisse, son cordon ombilical.

10

BOOMERANG

D'habitude, on est en retard. On se lève trop tard, et les éducs spé nous retiennent tant que notre lit n'est pas fait. Ils savent que, à l'école, on nous punira d'arriver à la bourre.

Aujourd'hui, c'est différent : à 8 heures pétantes, nous sommes douchés et habillés. Joanna, Naomi et moi, on porte nos vêtements fétiches, les moins nuls que nous ayons. Nous voulons être beaux, à la hauteur de ce que nous allons faire. Nous nous préparons depuis des jours en nous encourageant et en planifiant tout au détail près. Pas question de se rater et de risquer un crash en plein vol. Ce serait trop la honte pour nous. Déjà que nous ne sommes pas vraiment les stars du foyer… Il s'agit plutôt de redorer notre blason de pute, de demi-pute, et de sale petit pédé.

Nous sommes tellement en avance sur nos habitudes que les éducs ne sont pas encore là. Seul un gardien de nuit en train de préparer la table du petit-déjeuner nous voit passer frais et gais. Clairement, il tique. Ce n'est pas normal, il en est conscient, mais continue ce qu'il est en train de faire.

Dedans, nous sommes contents, ça vibre, quelque chose s'est mis en marche. Nous n'avons pas beaucoup sur nous. Moi j'ai piqué dix euros à un type que je n'aime pas. Ça suffit pour que je me sente millionnaire. Au foyer, dix euros, c'est Byzance, en tout cas dans notre esprit.

Mon sac de cours ne contient aucun livre mais une brosse à dents, quelques vêtements et mes peluches. Je n'ai jamais réussi à m'en séparer, malgré la persécution, malgré les insultes, et malgré les attaques. Peu de temps après mon arrivée au foyer, on m'a chouré mon lapin gris, le remplaçant de l'ours, et on a tagué toutes les autres au marqueur. L'agressivité ne m'a que renforcé dans mon besoin de peluches, seul lien d'un point de chute à un autre.

Nous devons sortir par des portes différentes, elles par la grande, moi par la petite qui donne derrière. Pas question de petit-déjeuner et de prendre le risque que les autres rappliquent et qu'il devienne plus difficile de tracer sans se faire remarquer.

J'ai le cœur à trois mille tandis que je m'avance vers la sortie du bas. Je retire le verrou qui grince, entrouvre la lourde porte. Au moment où je vais franchir le pas, j'entends le veilleur de nuit qui crie : « Reviens Lyes, arrête-toi ! »

Je réponds en hurlant « C'est ça ! Ta mère ! », je sors, et je me mets à taper une pointe. On a prévu cette éventualité, j'ai mis des baskets. Et comme je me sens particulièrement léger, je vais vite. J'arrive devant les grilles du foyer que Joanna et Naomi sont en train de rejoindre en courant aussi.

Trio fou, nous cavalons sur le chemin qui mène à la gare. Nous avons pris soin de consulter les horaires, nous avons un train qui sera bientôt à quai pour nous emmener à Paris. En temps normal, à pied, la gare se trouve à dix minutes, là, il nous suffit de quatre minutes pour l'atteindre. La motivation est grande, nous sommes très déterminés.

Alors que nous sommes aux abords de la gare, je fais tomber dans ma course mon Pass Navigo et mes dix euros. Je m'en aperçois une fois dans le hall et fais demi-tour. Au moment où j'arrive dans la rue, je remarque un gros camion bleu en approche. Je le connais bien : il s'agit du véhicule du foyer, il est là pour nous ramener au bercail.

Je réagis, m'engouffre dans la gare, arrive à la hauteur des deux filles qui ne m'ont pas attendu, et saute avec elles dans le wagon du train qui donne déjà depuis quelques secondes le signal du départ.

Sur le quai, les éducateurs courent à grandes foulées derrière nous sans jamais nous rattraper. Maintenant, ils sont là, derrière les vitres du wagon, suants et furax. Nous sommes hilares : ils ne peuvent plus rien faire. Alors nous en profitons bêtement : nous leur faisons de gros doigts, des bras d'honneur, nous tirons la langue, nous gueulons comme des loups un soir de pleine lune. Tellement heureux et satisfaits. L'impression du courage et de la liberté.

L'euphorie ne nous empêche pas de préparer la suite. Ils savent dans quel train nous sommes montés et il est certain qu'ils vont essayer de nous récupérer à Saint-Lazare, le terminus de la ligne de train. Il faut descendre avant. Ça tombe bien parce que Joanna a entendu parler en bien de la Défense. Paraît qu'il y a des énormes centres commerciaux où traîner et s'acheter des trucs et puis, plein de monde. On sera ainsi moins faciles à repérer. C'est décidé, c'est là que nous arrêterons le voyage en train.

Nous ne sommes pas déçus. Ça grouille, c'est vivant, il y a plein de jeunes comme nous partout. Au début, nous avons envie de nous payer des trucs, mais nous nous raisonnons. Mieux vaut garder l'argent pour plus tard. Si nous grillons tout maintenant, nous allons le regretter. Tenir la distance, c'est notre principe. Comme nous avons faim, nous entrons dans un supermarché voler un pot de Nutella et, comme nous avons des envies de luxe, nous entrons dans un McDo demander gentiment des cuillères, trois cuillères pour le petit-déjeuner.

Au bout d'un moment, nous trouvons que la Défense n'est pas assez grande pour nous. Nous voulons plus grand, plus large, plus chic. Ce sera les Champs-Élysées. Le lieu où les mômes du foyer aiment se vanter d'être allés. Nous arpentons l'avenue légendaire de long en large en travers. À en connaître chaque vitrine, chaque banc, chaque pavé. Nous marchons, bouffons du trottoir comme des dingues, nous ne sommes même pas fatigués.

Les chaussures de Naomi, en revanche, ne résistent pas aux kilomètres arpentés. Elles lâchent alors que nous avons repris le métro sans tickets pour nous diriger vers une autre envie, la tour Eiffel. Nous voudrions que tout soit simple, nous nous tapons le culot d'entrer dans une boutique chicos du 7e arrondissement de Paris, dans l'idée naïve de « prélever » une paire de ballerines repérée en vitrine par Naomi pour remplacer les siennes.

Problème : nous sommes rebeus, renois, bref, colorés et nos dégaines trahissent d'où nous venons. Et ce n'est pas du quartier. Nous n'en connaissons ni les codes, ni la courtoisie et, surtout, nous n'en avons pas l'apparence. Et c'est l'apparence qui compte. En priorité, toujours. C'est pourquoi le videur, parce que dans ce genre de magasins luxueux, il y a aussi des videurs, nous jette à peine nous avons mis le museau à l'intérieur. Échec. Plus dur que le pot de Nutella ou la pomme que j'ai attrapée en passant devant un primeur aux fruits gros, brillants, irrésistibles.

*

Le temps est venu de se servir. C'est ce que nous faisons avec mes deux potes. Nous attrapons Paris, le summum vu du foyer, par tous les petits bouts possibles. La tour Eiffel est un peu haute, un peu chère, mais nous avons quand même le droit de la regarder s'illuminer. Et ça, nous pourrions le faire pendant des heures, observer les rayons colorés percer les nuages blancs et gris qui planent au-dessus de nos têtes renversées.

Nous nous sommes trouvé un spot sur le Champ-de-Mars, rien que pour nous. Au-dessus d'une espèce de grotte avec des canards, à côté des toilettes publiques. L'endroit est royal, protégé du vent, nous comptons y passer la nuit. Enfin, nous sommes à destination. Nous allons dîner, rire, rêver et dormir. Nous sommes parfaitement mûrs pour cela.

Le repas est frugal, toujours le Nutella avec une baguette, des chips, et du Coca et de l'eau pour faire passer le tout. Le plus important pour moi, c'est d'être là et d'assister au show de la tour Eiffel. Son scintillement est magnifique. Je crois rêver. On se régale.

Pour digérer, nous fumerions bien quelques clopes. Joanna se propose d'aller taxer des gens autour. C'est là que Naomi se met à faire une fixette sur ses chaussures cassées. Elle ne voit pas comment elle va continuer notre épopée sans chaussures. J'essaie de la rassurer, je lui promets même de lui trouver d'autres ballerines dans un endroit où on pourra les voler. Mais rien n'y fait.

Dès le début, j'avais douté de Naomi : pas fiable, pas assez solide pour nous accompagner dans notre escapade. Un côté trop fille, trop chochotte et hypocrite. J'en ai d'ailleurs parlé à Joanna qui, à l'inverse, a ma confiance totale. Mais elle ne m'a pas cru, l'a défendue, m'accusant de la sous-estimer et d'être toujours un peu parano.

Je vais à la rencontre de Joanna qui a mendié comme il fallait, assez pour qu'on se rachète du Coca et qu'on fume, et je la préviens que Naomi pète un câble à cause de son histoire de chaussures. Alors que je suis en train de développer mes doutes, nous voyons passer des Pakistanais qui courent comme des dératés, avec des flics sur leurs talons.

Nous avons le réflexe de nous cacher derrière un groupe de gens pour ne pas nous retrouver nez à nez avec les policiers. L'un des fugitifs, au passage, fait tomber un téléphone portable. Quand ils nous ont dépassés, nous le ramassons. Nous rebroussons chemin avec et essayons de nous en servir. Mais il est vide, pas de crédit.

Au moment où on retrouve notre point de vue et notre copine énervée que nous n'arrivons pas à calmer, les Pakistanais réapparaissent, sans les képis derrière eux cette fois. Avec Joanna, par gentillesse, et aussi parce qu'il ne nous sert à rien, nous décidons de leur rendre leur bien. Ils nous remercient avec chaleur, dans un français bizarre et rigolo. Ils nous prennent même dans leurs bras pour exprimer leur gratitude. On se marre tous ensemble. Finalement, nous sommes pareils, nous essayons d'échapper aux autorités.

La sympathie s'échange vite. Au bout de quelques minutes de conversation rudimentaire, l'un d'entre eux, celui qui est le plus compréhensible, nous propose de l'accompagner dans l'appartement de son frère, à Barbès, où il vit. Il peut nous loger au moins pour la nuit.

Il suffit de les attendre, ils ont besoin de vendre encore deux trois babioles avant de partir. Joanna et moi sommes vraiment contents de cette invitation qui tombe bien.

Parce qu'il commence à faire froid, même à l'abri du vent. On n'a pas été prévoyants : aucune couverture, aucun pull supplémentaire pour nous réchauffer. Pourtant, on savait bien qu'on pourrait dormir dehors. Même la chambre d'hôtel très bon marché aurait été hors de portée. L'appartement de réprouvés comme nous, en revanche…

Naomi ne s'est toujours pas calmée et la perspective de partir avec nos nouveaux copains non seulement ne lui fait pas plaisir mais la dégoûte franchement. Elle insiste sur le fait qu'on prend un risque à les suivre, qu'on les connaît à peine. Pour elle, c'est hors de question.

Elle pose problème. Nous essayons de la mettre devant la réalité : si nous refusons, nous allons devoir dormir dehors et nous cailler. Et nous ne risquons rien, Joanna nous rappelle qu'elle n'a pas oublié d'emporter un couteau, au cas où nous aurions des ennuis sérieux. Naomi répond qu'elle s'en fout, qu'elle ne veut pas y aller. Nous la menaçons de la planter là, parce que nous, de toute façon, nous allons à Barbès. Pourtant elle continue d'argumenter, elle est en boucle. Elle trahit par son attitude qu'elle veut lâcher l'affaire. Maintenant, on sait qui est cette fille. Nous commençons à nous embrouiller sous le regard des Pakistanais qui ne comprennent pas bien où est le problème alors qu'ils viennent justement de nous proposer une solution. Ils s'en vont en nous disant « à tout à l'heure ».

Naomi finit par s'éloigner de nous en direction d'un car de militaires garé un peu plus loin. Elle compte nous balancer. Elle se plante devant les types en uniforme et leur dit :

— Mes amis et moi, on fait une fugue. Là ils veulent partir avec des pak-pak à Barbès, moi je ne veux pas. Eux, ils ont un couteau en plus. Et, surtout, ils veulent plus revenir au foyer.

La garce.

Joanna et moi, on réagit immédiatement, bondissant pour échapper aux militaires qui se sont déjà mis en mouvement. Mais, en courant, ma pote a le mauvais réflexe de se planquer dans les toilettes publiques et moi, de la suivre. Nous sommes coincés. Un militaire est là, à côté, il chope Joanna, lui passe des menottes et la plaque au sol.

De mon côté, je parcours à peine quelques mètres avant d'être saisi au collet et serré comme Joanna. Nous avons la haine. Nous sommes pris et trahis. Menottés comme des criminels, la tête basse, la queue, pareille et des envies de buter Naomi.

Ils nous emmènent au commissariat le plus proche et nous attachent sur des chaises pas confortables du tout. L'interrogatoire peut commencer. Décliner notre identité et les motifs de notre fugue. Nos réponses ne semblent jamais satisfaisantes et les policiers ne sont pas plus aimables une fois que nous avons parlé. Ils demandent son couteau à Joanna. Elle leur file sans faire d'histoire.

Ils sont humains, ils nous donnent une assiette de pâtes. Mais, moi, je n'ai pas faim du tout. Je suis tout noué à l'intérieur. Incapable de mettre un truc dans ma bouche. Du coin de l'œil, j'observe Naomi qui, comme moi, coince devant la bouffe. Joanna, par instinct de survie, intuition ou prévision, dévore.

J'ai regretté de ne pas l'avoir imitée.

Ils ont bien sûr appelé la directrice du foyer. Vers 23 heures.

*

Nous sommes crevés, nos têtes tombent sur nos nuques. Maintenant que nous sommes foutus, nous avons sommeil. Dormir pour oublier. Avec toutes les émotions de la journée, nous avons besoin de repos. Mais ce n'est pas le moment. Avec les poignets dans le dos, accrochés avec des menottes qui scient la chair, on ne peut pas. On demande qu'ils nous les enlèvent. Ils refusent : ils ne veulent pas nous accorder un confort que nous ne méritons pas.

Maintenant, il est question de punition, de répression. Le jeu est terminé, nous allons écoper. La directrice, Frédérique, finit par arriver au commissariat : il est 4 heures du matin. Nous n'en pouvons plus, nous avons l'intuition qu'elle a bien pris son temps pour venir nous récupérer, histoire de nous faire mijoter. L'attente du châtiment ajoute au châtiment. Moi, je préfère ne pas y penser. Je pourrais facilement me représenter les représailles, je connais la philosophie du foyer sur le bout des doigts. Mais à chaque heure suffit sa peine. Je me concentre pour repousser la douleur des fourmis dans les jambes, dans les bras, et dans le cou.

L'expression du visage de la directrice qui apparaît dans la salle du commissariat où nous séchons sur place laisse entrevoir le cauchemar qui va suivre. Elle est venue avec sa fille, responsable administrative.

La boss est fâchée, ses traits sont crispés et ses yeux lancent des éclairs. Je m'attends au pire maintenant. Et le pire est, bien souvent, pire...

Elle nous fait monter dans la voiture en nous avertissant qu'elle ne veut pas entendre un seul mot. À peine assis, nous nous endormons, mais, au bout de quelques secondes, Frédérique ouvre les vitres en grand. En plein mois de novembre.

C'est donc clair, la dirlo veut qu'on se pèle. Une façon brutale de nous empêcher de roupiller. Elle a bien remarqué que nous tombions de sommeil. Or, dans les bras de Morphée, plus de faute, plus de punition. Là, au contraire, le vent gelé qui rentre à plein bouillon par les fenêtres nous maintient aussi éveillé que si nous avions avalé un litre de café.

Nous supplions :

— Fermez les vitres, s'il vous plaît, madame !

— Certainement pas. Vous restez debout ! Tant que, moi, je ne dors pas, vous ne dormez pas !

— Oui, mais quand même, vous ne pouvez pas fermer les vitres ? On a très froid.

— Fallait y penser avant.

En repensant aujourd'hui à ce trajet de retour à la bergerie, je ressens encore le froid. Il m'a semblé durer l'éternité.

Lorsque nous atteignons le foyer, il est 6 heures du matin. Nous nous imaginons, le cerveau totalement embrumé et le corps fatigué, que nous allons enfin dormir. Mais non. Frédérique a d'autres projets pour nous.

Elle nous emmène à la buanderie et nous fait déshabiller en nous tendant des sacs-poubelle. Elle veut que nous y jetions nos fringues, nous avons seulement le droit de garder nos sous-vêtements. Nous sommes honteux et silencieux. Nous tremblons de froid et d'humiliation. De peur également, car nous sentons que la torture vient à peine de débuter.

En effet. Frédérique nous lance :

— Allez, maintenant, vous allez faire la chaise pendant une heure.

Elle nous regarde attentivement en donnant son ordre parce qu'elle sait qu'elle a fait mouche. Tout le monde redoute la chaise.

Le principe est simple : coller son dos au mur et plier ses jambes comme si on était assis sur une chaise, sauf qu'elle est imaginaire et qu'il faut tenir le poids de son corps sans aide. Sans entraînement, la plupart des gens tiennent deux minutes au maximum. À moins de participer à un jeu télé genre « Koh Lanta » en espérant gagner, il n'y a aucune raison d'endurer ce genre de souffrance.

Je repense alors à notre départ, à notre allure, bien fière, à nos espoirs et nos certitudes. On se disait : « On est trop forts, on se barre, on leur fait un gros bras d'honneur à tous, les autres jeunes à problèmes et adultes. » Maintenant, nous sommes réduits à rien, nous serions prêts à n'importe quoi pour que la directrice nous laisse enfin dormir et arrête de nous faire souffrir.

Dès qu'elle s'aperçoit que je commence à faiblir, que mes jambes tremblotent sous l'effort insupportable, elle vient me faire une balayette et ajoute des minutes à la séance horrible de la chaise.

Je reste comme ça pendant une heure et demie, à supplier mentalement que ça s'arrête, à maudire ma tortionnaire afin qu'elle soit foudroyée dans l'instant par une intervention divine alliée.

Effondrés comme de vieux sacs le long du mur, nous n'osons pas penser que ce sera tout, qu'elle va nous laisser tranquilles maintenant, nous envoyer au lit parce qu'il y a école tout à l'heure. Nous ne sommes pas dupes, nous connaissons la loi du foyer, elle est impitoyable.

— Ce n'est pas fini, ne vous réjouissez pas, maintenant vous allez trier toutes les chaussettes. Vous irez dormir quand vous aurez fini. Bon courage ! nous jette Frédérique comme une dernière balle pour nous achever.

Il est 8 heures du matin quand nous regagnons nos pieux. Dans un état tellement pitoyable que nous ne savons même plus comment nous nous appelons. Nous sommes toujours en slip et chaussettes et nous nous couchons comme ça, même pas soulagés, même plus le courage.

Nous dormons profondément depuis trente minutes quand un seau d'eau glacée nous réveille violemment. L'horreur. Nous nous rendormons quand même, grelottants dans nos draps trempés. Mais une demi-heure plus tard, le jet d'eau froide revient. Comme ça jusqu'à 10 h 30.

Autant dire que nous n'avons pas dormi. Et comme nous sommes aussi privés de manger, notre état fait peine à voir. Nous savons que notre punition a valeur d'exemple. La direction en a marre que tout le monde essaie de se faire la malle, nous sommes l'occasion de frapper fort, de montrer que ça ne se fait pas impunément, qu'on ne quitte pas le foyer. Le soir, on a été autorisés à dîner mais on a dû copier deux mille fois « je ne dois pas fuguer ».

Nous sommes exténués, nous avons été rabaissés, nous nous sentons fourbus. Pourtant, la correction infligée nous donne envie de recommencer, et même d'aller plus loin la prochaine fois, là où on ne pourra pas venir nous chercher.

11

Femme-Courage

Sa cuisine est toute petite, toute mignonne. Comme elle. Agathe attendrirait la brute la plus épaisse. Elle porte à la fois une délicatesse et une détermination qui la rendent touchante. À chaque fois que je viens chez elle, dans son appartement parisien, je suis traité comme un prince. Elle connaît mes goûts et m'offre toujours des cadeaux qui me font super-plaisir. Je ne suis tellement pas habitué à ce qu'on me gâte que la moindre attention me touche. Son attention m'émeut.

Elle m'a connu bébé alors que j'avais débarqué chez sa sœur Émilie. Déjà, à l'époque, elle avait dû me prendre en pitié : j'étais un enfant abandonné. La suite de mon histoire, mon calvaire chez la mégère, les médicaments à haute dose, le départ d'Émilie D., les violences du foyer, l'état de ma mère, mon désespoir, tout l'intéressait et, chaque fois qu'elle a pu, elle a réagi. Finalement, elle a eu gain de cause et obtenu un agrément pour s'occuper de moi. Ça lui accorde une légitimité dont nous avions tous les deux besoin.

De tous les adultes qui ont eu un œil (un seul justement) sur moi, elle est la plus solide, la plus rassurante aussi, parce qu'elle n'a que moi. Les autres mères de substitution, je les partage avec plusieurs jeunes. Agathe fait du bien aussi parce qu'elle est lumineuse, elle est du côté des bonnes et belles choses. Elle est cultivée, elle a du goût et apprécie ce qui est raffiné. Quand je viens la voir, elle essaie de m'éduquer au beau. Elle m'emmène au Louvre voir des tableaux et des sculptures, elle me montre les monuments de Paris, m'offre des super-gâteaux dans des salons de thé pour le goûter. Me donner cet accès-là, c'est me considérer.

Agathe me donne de la valeur, elle m'encourage. Elle m'indique les possibles dans la vie, retire les barrières du complexe. Des complexes.

*

La plupart de ce que tu vois depuis que tu es petit est moche. Là où il n'y a pas d'argent, ni d'envie, il n'y a rien de joli. On ne peut pas. On ne sait pas. Alors toi non plus. À toi, on ne parvient pas même à inculquer les bases, la structure, alors, tu penses, on ne va pas te vaporiser de la mousse. Sur toi, ça glisserait, ça ne resterait pas. La confiture, on ne la donne pas aux cochons.

La culture, ça se mérite, ce n'est pas fait pour un sauvage comme toi. Il faut des yeux habitués, des yeux calmes, posés, qui ne s'excitent pas à la vue des objets. Dans la beauté, comme en plein air, on ne te contrôle plus, tu pourrais t'échapper là où tu n'es pas censé aller. Tu as droit à la télé, un peu, quand c'est ton tour. Mais le cinéma, tu n'y vas pas.

Au bout d'un moment, tu as compris que les sauvages, on ne les assoit pas sur des sièges rouges qu'ils pourraient salir, on ne les trimballe pas dans les transports en commun sous les sourcils froncés des bons citoyens.

Tu n'es pas sage, tu mérites d'être privé des trucs cool. Mais ça n'a aucun rapport, tu serais privé même sans avoir rien fait de mal.

Tu n'es pas sage, tu ne mérites pas non plus de tomber dans des mains délicates comme celles d'Agathe. Et pourtant, tu vois, la chance se montre surprenante. Elle te présente une femme qui sait ce que tu fais et pourtant aime ce que tu es. Assez pour t'offrir de ce qu'elle a acquis, elle, toute seule.

*

Je découpe avec soin les tomates bien rouges et juteuses, et les oignons. Ce matin, comme d'habitude, Agathe est allée au marché trouver les ingrédients frais pour notre petit repas. C'est moi qui cuisine, j'adore ça. « Cuisiner » est un grand mot mais disons que je prends plaisir à préparer des plats à ma portée.

Avec Agathe, le programme culinaire, c'est souvent « salade grecque + pâtes à la bolognaise ». Elle est consciente qu'au foyer je mange à ma faim, mais mal. Alors elle veut me faire plaisir quand je suis chez elle :

subitement c'est moi qui choisis, c'est moi qui suis le maître de la cuisine, j'arrive même à me prendre au sérieux. Je suis capable de faire quelque chose de mes dix doigts, quelque chose de positif, de productif. Agathe, elle, n'a pas peur de me mettre un couteau dans les mains. Sa confiance me ramène à la normalité. À son contact, je suis un adolescent de 14 ans ordinaire. Et à elle, j'arrive à faire confiance.

Parce que d'autres adultes, certains profs, ont quand même essayé de créer un lien avec moi. Mais je m'y dérobais, je me fermais. Comme si, définitivement, ils ne pouvaient pas me vouloir du bien et même, en voulant du bien, ils finissaient toujours par me faire du mal.

Comme elle est intelligente et sensible, Agathe a conscience de ce que je subis au foyer et, au contraire d'autres adultes à l'extérieur, elle ne justifie pas l'administration. Elle la critique devant moi, elle écoute mes plaintes et essaie toujours de trouver des solutions pour atténuer les peines. En fait, je la trouve honnête. Elle n'essaie pas de m'enrober la réalité, de la nier alors que je la prends en pleine tête. En admettant ce qui se passe, elle reconnaît ma souffrance et l'apaise un peu.

Il faut dire qu'Agathe est experte en vie cabossée. Pas de cadeaux pour elle hormis ceux qu'elle s'est achetés. Famille sans le sou dans la campagne, une sœur qu'on lui préfère pour bien rester dans la norme, un chemin trop vite solitaire… Elle est « montée » à Paris, a fait des études, ce qui était mal vu pour une fille dans son milieu. Elle est tombée amoureuse d'un homme dont elle ignorait qu'il était marié. Il l'a abandonnée quand il a su qu'elle était enceinte de lui. L'histoire de ma mère. Mon histoire. Sauf que cet enfant n'est jamais arrivé à terme et a laissé Agathe vide de cette vie et de son amour brûlé à la chaux.

Elle est restée seule, rejetée par ses parents qui l'accusaient de ne pas vouloir faire comme tout le monde, se marier et avoir des enfants. Elle n'a eu d'autre choix que de se battre seule, de se construire un abri. Un appartement, la culture, les bonnes choses, des nids où se reconstituer, reprendre de la force pour tenir debout à nouveau et fermement, si possible.

Je sens que je suis un enfant de remplacement mais que, malgré tout, elle ne me traite pas en enfant. Car j'ai trop mûri pour cela, elle aussi ; et puis nous n'apprécions pas les jeux de dupes, ni elle ni moi. Elle compatit, elle est sensible à la douleur, à la mienne comme si c'était la sienne. M'accompagner, elle le fait bien. Elle cherche toujours à me responsabiliser et à établir ma valeur. Sa mission, c'est un peu de me renvoyer une bonne image de moi-même pour que j'arrête les conneries au foyer et que je me tourne du côté de vrais projets. Pas la haine, parce que ce n'est même pas un projet, la haine, mais un état qui détruit.

*

On t'a sorti du foyer, on t'a sorti de chez le fermier, on t'a mis en suspens dans un couloir puis dans un foyer de délinquants. On ne sait pas quoi faire de toi, mais on ne veut pas t'attribuer à Agathe. Ce serait idéal pourtant, mais l'idéal, faut pas y penser, ce n'est pas convenable. Et puis la simplicité, tu finis par l'avoir compris, ce n'est pas le fort de l'administration.

Elle te met des cadres pas adaptés, elle te prend et t'écrase dedans du talon comme un insecte qui pourrait devenir dangereux, piquer la société, lui faire des vilains boutons qui grattent, qui s'infectent, qui contaminent et se diffusent dans les parties saines du corps. Elle t'encercle avec des éducs spécialisés qui ne sont pas si spécialisés que ça puisque certains n'ont même pas le diplôme. Paraît qu'il y a un problème de recrutement. Tu penses, personne ne veut faire le job. C'est ingrat, hein. Gérer des enfants, adolescents cramés, qui sont capables de t'insulter, de te frapper. De vrais punks en somme. Des mini-adultes qui n'ont rien à perdre ni à gagner alors qui se comportent comme des chiens et qui t'obligent toi aussi, finalement, parce que tu es humain, faible donc, à agir bêtement, violemment, injustement.

Les éducs, souvent, ils ont été toi. Un cas social qui s'en est sorti, finalement, parce qu'il a trouvé sa place, enfin, mais il n'y est pas heureux. Les plus bienveillants et équitables comme ma préférée, Caroline, finissent toujours par la quitter, cette place. Elle n'est pas agréable, elle fait mal.

Les autres, tu les vois qui vrillent, qui deviennent méchants, qui ne prennent plus de gants. Ou pire qui s'en foutent. Qui, pendant les temps morts du foyer, fument des clopes quelque part où ils ne te voient plus, ne t'entendent plus, même si tu cries parce que tu es en train de te faire plaquer, racketter, tabasser, violer. Ils tournent le regard et se bouchent les oreilles parce qu'il y a trop de fuites de merde partout, ils en ont marre de boucher les gros trous que d'autres, la société, ont faits avec un fusil à pompe. Ils ont lâché, ils pointent, mais ne sentent plus rien. Et, s'ils parlent du foyer, ils diront que la mauvaise graine, ça donne rien et ça sèche qui la touche. Ils ajouteront que c'est désespérant et que c'est comme avec les drogués, on ne peut pas leur faire confiance, ils ont l'habitude du mensonge et le goût de la trahison.

Ils ne mentiront pas. C'est vrai, tu es comme ça, tu apprends à n'avoir aucun scrupule puisque tu as remarqué qu'on n'en avait pas avec toi. Ta mère n'en a pas eu à te donner naissance dans un monde dont elle savait qu'il ne t'accueillerait pas, l'administration n'en a pas eu à te balancer d'une famille à l'autre ou à te laisser deux ans chez une femme-bourreau, Émilie n'en a pas eu à te laisser dans le Nord quand elle partait dans le Sud, le fermier n'en a pas eu à t'isoler, les autres gamins comme toi n'en ont pas eu à te pourrir la vie, à massacrer tes peluches et ce que tu avais sauvé dedans.

Tu perds ta conscience, ton surmoi, tu n'es même pas certain d'en avoir constitué un. À l'âge de raison pour les autres, les enfants ordinaires, ceux qui ont eu raison de naître, toi, tu nages depuis longtemps dans la déraison.

Alors tu n'hésites pas une seconde, quand une occasion se présente, de prendre un truc qui ne t'appartient pas à toi mais à quelqu'un qui a été un peu sympa avec toi, tu fais, tu tends le bras. C'est ce qu'il te reste, le bras, à défaut du cœur, mal formé.

Tu oses récupérer le numéro de Carte bleue de la belle-fille d'Émilie pour recharger la carte de ton téléphone portable. Tu profites d'un moment où elle va pisser, tu chopes son sac, tu l'ouvres, le porte-monnaie aussi. Tu ne te poses même pas la question de si c'est bien ou mal. Tu vas jusqu'à le faire tourner, le numéro, à tes copines du foyer, en signe de solidarité, pour qu'elles t'aiment encore mieux. Tu continues avec cette combine qui te permet de téléphoner gratos, puisque personne ne s'en rend compte. Tu fais ça pendant un an.

Finalement, ils te chopent, ils t'engueulent et te disent qu'il va falloir tout rembourser. Tu n'es pas contre, mais tu ne vois pas comment. Tu ne sais rien faire à part foutre le bordel où tu passes et énerver les gens avant d'avoir ouvert le bec. On te dit tranquillement que c'est le moment de changer, de se mettre à faire un truc de tes dix doigts. Tu vas entrer en apprentissage, comme ça, tu seras occupé, avec un métier à exercer pour gagner de l'argent. Le peu que tu as vu autour de toi, tu n'as pas l'impression que ça suffit, avoir un job, pour s'en sortir. Il faut de la chance aussi, pour qu'on veuille de toi.

D'abord parce que tu es en concurrence avec le reste du monde. Ensuite, parce que le fait même de demander quelque chose te place dans la position d'un minable et donne le droit de te traiter comme tel. Alors, tu es obligé d'avouer que le coup de l'apprentissage, ça te réjouit moyennement parce que tu n'es pas persuadé de son utilité. Tu n'as pas le choix. On ne te demande jamais d'être content, en plus. On n'ose pas.

12

Famille recousue

En tout, j'ai deux petits sacs. Le bagage que j'ai trimballé depuis chez le fermier ne pèse pas lourd. J'ai quand même pris soin d'embarquer les draps envoyés par Agathe pour me faire un lit décent dans la chambre de campagne sordide. Comme d'habitude, on ne m'a rien dit. J'ai demandé si on allait dans un foyer, on m'a répondu un « non » sec. Je suis monté dans une voiture et j'ai fini par noter qu'on prenait la route de Sartrouville.

Maintenant, je flippe. La maison m'impressionne avec son grand portail noir et ses piques dorées, sa voie en béton et son parking carré, ses arbustes bien taillés, ses fleurs jolies sur les côtés, son côté bien propre, tout ça me glace. Et la dame que je vois apparaître sur le perron de cette maison moderne dont on voit tout de suite qu'elle est tenue d'une main de fer me fait le même effet qu'une matonne sans dents à barbe et gros bras tatoué.

C'est une petite bonne femme enveloppée, dans une robe verte, la taille serrée dans une ceinture marron.

Elle est vraisemblablement d'origine algérienne mais ses cheveux sont blonds platine, ce qui crée un effet d'étrangeté. Sa posture, son âge, 65 ans environ, et l'expression sévère de son visage ne sont pas très engageants. Je marche très doucement à côté de l'éducateur chargé de m'accompagner dans ma nouvelle famille. Pas pressé de tomber mal, encore. Celle-là n'a vraiment pas l'air commode. Et comme je soupçonne l'administration de ne pas vouloir me gâter particulièrement, voire de me punir pour avoir autant testé les limites de sa patience et de ses possibilités concrètes, je n'ai aucune raison d'être rassuré.

Je suis un vieil habitué des méthodes de l'ASE, maintenant. Je ne suis pas dupe. Ils ont dû brosser un portrait bien noir de la situation. Dire le plus grand mal de moi, prévenir la nouvelle famille que je suis un monstre à mater urgemment, en rajouter des caisses, tout faire paradoxalement pour la dégoûter de m'accueillir ou, au moins, la préparer à me recevoir de travers.

C'est ça, elle fait la gueule. Ses yeux foncés sont ténébreux. Apparemment, elle ne veut pas de moi, elle me prend chez elle à reculons.

Je ne dis rien, je suis blasé de toute façon, je m'attends à tout, m'en fous. Ça ne pourra jamais être pire qu'avant. Si c'est l'enfer, je me réfugierai chez Agathe. En plus, je suis censé entrer en apprentissage, ce qui me donnera un prétexte pour sortir de là. La bonne nouvelle, c'est que le RER n'est pas loin de mon nouveau domicile et il va à Paris. C'est mieux que la campagne ici, je suis relié au monde, j'ai des portes de sortie.

Je sais me consoler sans rien ou avec peu.

La dame me dit bonjour d'un ton autoritaire et me fait entrer. L'intérieur de la maison produit sur moi l'effet inverse de celui de sa propriétaire. Chaleureux. D'un côté, elle a aménagé un salon cosy avec des grands canapés, type banquettes arabes, et de l'autre une salle à manger avec des meubles rustiques en bois foncé vernis. La baraque est grande, il y a plusieurs chambres à l'étage et aussi des studios au sous-sol. On dirait presque un petit hôtel mais sans réception avec type pour filer les clés. La tenancière du lieu, c'est elle, Yasmina. Elle a le cuir assez tanné pour ça, ça se voit. Ça se confirmera.

En attendant, tant que l'éduc est là, elle me laisse debout avec mes bagages et se montre fermée. Je regarde tout autour de moi et apprécie le côté confortable de l'endroit. Enfin, l'éduc sort et je vois la figure de Yasmina se modifier. Ses traits se détendent, elle me fait un sourire et me propose de m'asseoir sur le canapé.

— OK, me dit-elle, maintenant, tu me racontes en vrai ce qui se passe ?

Au moment où elle a énoncé cette question, j'ai su qu'avec elle il y aurait une relation d'amour et de confiance. J'ai regardé ses yeux noirs, brillants, et ses petites fossettes charmantes... et j'ai bien cru que j'allais me mettre à pleurer.

Je lui ai tout dit. Ou presque. Le pire, je n'ai pas pu, je ne peux toujours pas. Elle m'a écouté, l'air grave. Je lui ai raconté la petite enfance et le foyer, le fermier, et même la nuit précédente. J'ai tout mis sur le dos de l'ASE.

À aucun moment, elle ne m'a contredit ou a essayé de minimiser leur responsabilité. À l'inverse, elle a validé mon jugement et mes reproches. Pour les pratiquer depuis longtemps, elle connaissait l'ampleur de leur incompétence coupable.

Je crois que j'ai été très honnête dans mon récit. Je n'ai rien inventé et ce que j'ai omis de dire, c'est parce que je ne le savais pas. Maintenant, elle en sait aussi peu que moi sur mon origine. Elle a eu droit à une synthèse rapide de mon histoire, mais elle n'a pas eu accès à mon dossier.

*

Tu es un enfant-dossier comme il y a des enfants-bulles, des enfants-sauvages, des enfants-vieux. Mais, tout comme les adultes qui te récupèrent, tu ne peux pas mettre la main sur ton dossier. Donc sur toi. Tu n'as d'autre choix que de rester opaque. On ne risque pas de te comprendre car, pour cela, il faudrait les éléments qui éclairent, qui expliquent, qui justifient aussi parfois, t'excusent à moitié.

Ton dossier est un mystère, ton histoire, un tabou. Tout est tellement énigme autour de toi que tu sens une faute immense, originelle, quelque chose de si grave qu'il n'est pas question de l'approcher de loin ou de près. Mieux vaut demeurer dans l'obscurité. Mais ce noir qu'on t'impose, il te gribouille à l'intérieur au fusain. Ton identité s'est barbouillée. Et il te faut des litres de jus de citron, des kilos de lumière pour l'éclaircir.

Ton identité, pour l'administration, paraît être un problème. Il ne faut pas qu'elle affleure. Tu trouves ça débile parce que ce qui sort à la place de toi, c'est ton double pas formé, ton frère maudit, un chaos sur pattes.

Mais l'administration s'obstine dans son goût de la cachotterie. Elle te dérobe avec ses grandes pinces ton droit de te pencher sur ton propre cas pour y voir plus clair. Une façon de rester puissante que de se garder l'information et d'agir à son gré. Sa politique, ne pas transmettre, faire de la rétention, fermer. Et décourager ta curiosité par des « non » répétés. Aller même jusqu'à te laisser entendre que cette curiosité est mal placée, douteuse même.

Pour un peu, tu te reprocherais de chercher à savoir qui tu es. Pour un peu, tu abandonnerais l'idée.

*

Un terrain vague immense battu par le vent et les déchets de la ville. Les herbes sont tellement hautes qu'on pourrait se croire à la campagne, au beau milieu d'un champ, si des pneus et d'autres bouts de ferraille n'y fleurissaient et si un wagon de train n'y avait fait son lit. Quand on est pauvre, on habite où on peut. Même à Argenteuil, les appartements sont trop chers et les places dans les foyers pour ouvriers étrangers concernent les gens seuls, pas les familles.

Yasmina a eu trop d'enfants, six. En France, elle a galéré pour leur offrir un toit, à manger et des vêtements corrects. Elle habitait dans un train désaffecté à l'arrêt alors qu'elle n'avait que 20 ans. On l'a mariée de force à 13 ans ; son premier enfant, elle l'a porté à 14. Elle a débarqué du bled avec son mari, mais il est mort deux ans plus tard. Elle a dû s'en sortir seule avec toute sa marmaille. Six bouches à nourrir, elle en oubliait même la sienne.

Elle s'est débrouillée, Yasmina, parce qu'elle a un sacré caractère, pas du genre à se laisser secouer par le mektub sans réagir. Combative, grande gueule, elle a bossé tout en éduquant ses enfants. Elle a gagné une habilité à construire sur des friches, à poser n'importe où des tuteurs sur lesquels faire pousser ses gamins.

Au bout d'un moment, elle a dégoté un appartement dans une cité, un vrai, avec des murs en dur, des toilettes à l'intérieur de l'appartement. Petit, modeste, étroit pour accueillir la tribu, mais digne. C'est ce qui comptait pour elle. Elle est devenue nourrice, travail qu'elle était sûre de savoir faire. Elle a recommencé à sourire, un peu, à se sentir comme tout le monde, avec une vie qui s'organise, qu'on a enfin les moyens d'organiser.

Sa vocation de mère d'accueil, elle ne l'a pas choisie, elle l'a acceptée. En ouvrant sa porte, un jour, elle a trouvé sur son paillasson un enfant trisomique en bas âge. Il avait été abandonné sur le palier, devant chez elle. Son activité de nourrice était connue dans la cité et il est probable que les parents du petit mongolien augmentaient ses chances en le larguant devant chez Yasmina.

Elle a pris le petit garçon dans ses bras, comprenant instinctivement que personne ne viendrait jamais le récupérer. Elle lui a donné un nom, Miloud, et s'en est occupée comme si c'était son propre fils. Mieux encore peut-être, compte tenu de son handicap grave.

C'est comme ça que Yasmina a trouvé la voie de l'aide à l'enfance. De nourrice, elle est devenue mère d'accueil. L'Aide sociale à l'enfance a commencé à lui confier des bébés dont elle a su s'occuper jusqu'au bout, jusqu'à ce qu'ils se marient, qu'ils s'en sortent, ou pas. Elle n'a pas réussi avec tous. Mais la plupart lui vouent une reconnaissance émouvante, reviennent l'embrasser, la remercier de les avoir sauvés.

Dans la cité, les gens lui ont trouvé un surnom : « L'ange ». Comme si elle était là pour veiller sur les enfants parias, rejetés, ceux dont les autres ne veulent pas. Un genre de sein-poubelle toujours ouvert aux enfants-détritus du coin. Elle ne s'en vante pas, ne fait rien remarquer de sa générosité et surtout évite les effusions. Pudique et froide, elle se tient à distance de toute démonstration trop marquée, de toute exubérance. Elle apprécie exclusivement la sobriété. Mieux vaut ne pas être trop émotif et larmoyant avec elle si on ne veut pas l'énerver.

On l'appelle « l'ange » tout en sachant qu'elle a le tempérament d'un dragon et qu'elle est capable d'ouvrir grande sa bouche et d'y faire tourner sa langue avec agilité et intelligence. C'est surtout en arabe qu'elle s'exprime ; le français, elle se débrouille, mais elle n'a jamais vraiment eu le temps de l'apprendre correctement. Pour les obligations administratives, elle baragouine et, quand il s'agit d'écrire, elle demande à son fils Karim. Elle déteste être analphabète, elle essaie de le dissimuler le plus possible, car c'est la honte. Elle n'a pas eu la chance d'apprendre et, aujourd'hui, elle s'estime trop vieille pour rattraper ses lacunes.

*

Quand j'arrive sous son toit, ils sont déjà nombreux. Six, comme lorsqu'elle logeait dans un wagon. Sauf que, maintenant, c'est le confort. Les pièces sont vastes, les ampoules sont remplacées, les draps ne grattent pas, il y a des rideaux aux fenêtres.

Le fils, Karim, bien qu'il ait toute la place dont il a besoin, voit mon atterrissage forcé dans son foyer d'un mauvais œil. Car il occupe le rôle de l'homme auprès de sa mère depuis que le père n'est plus là. C'est lui qui assure la gestion de la maisonnée et fait la cuisine pour tout le monde. Et mon arrivée le trouble, je suis celui de plus qui va accaparer l'attention de sa mère, celui de trop. Il se montre d'emblée désagréable et mettra plusieurs années avant de se détendre avec moi.

Yasmina me montre ma chambre : une vraie chambre. J'en pleurerais presque. On dirait une suite impériale, il ne manque rien. Un lit avec une bonne couette confortable, une table de nuit avec une lampe, une armoire et aussi des étagères dans les murs, de la lumière et, luxe suprême, une télé ! Je n'en reviens pas, tout ça pour moi ! Yasmina sourit discrètement de voir ma joie.

Je l'appellerai « Tata » elle aussi.

Le soir, au dîner, c'est un plat de pâtes à la bolognaise qui se pose sur la table avec son odeur délicieuse. Je comprends alors que je suis bien tombé. Qu'ici, peut-être, je serais heureux. Ce qui est sûr, c'est que les autres, en tout cas, n'ont pas l'air malheureux d'être là, sous le toit de Yasmina. Il y a de tout, mais dans l'ensemble, ce sont de jeunes adultes, entre 18 et 26 ans. Toutes les couleurs sont là, tous les cas également.

Le premier qui attire mon attention, grâce à ses cheveux, c'est Armand. Un vrai punk d'une vingtaine d'années, à la crête rose et aux piques sur la veste en jean. Il porte de grosses bottes en cuir et un jean très troué, en plus de son sourire jovial. Malgré son look pointu, il ne ferait pas de mal à une mouche. Il est trop défoncé pour ça, et cool. Sa mère, alcoolique, ne pouvait pas s'occuper de lui, et ses grands-parents ultra-riches n'ont pas trouvé logique de le prendre avec eux. Armand passe son temps sur la terrasse à fumer des clopes, parce qu'il a promis à Yasmina de ne pas fumer à l'intérieur, de ne pas donner le mauvais exemple.

Je me fais un autre pote rapidement, un garçon un peu plus âgé que moi, mais au parcours identique, Sofiane. Lui ne devait passer qu'une nuit chez « l'ange » mais, finalement, il est resté. Au début, c'est avec lui que je me sens le plus à l'aise et que je parviens à nouer une complicité. Par la suite, pourtant, nos relations se dégraderont.

Dans cette faune recueillie par Yasmina, il y a également un garçon très touchant. Débarqué en France dans la cale d'un bateau, sans papier, Ahmed a galéré. D'abord hébergé par des tantes, il a essayé de s'en sortir à Barbès, où il vendait des clopes de contrebande. Jusqu'à ce que sa famille le mette dehors. C'est comme ça qu'il a fini sous l'aile de Tata.

Sa fierté, à Tata, c'est Rufus, un Congolais très poli et gentil de 24 ans. Fils d'un ministre assassiné de son pays, il a subi le même sort qu'Ahmed : reçu par les siens, puis foutu à la porte comme un chien. Il s'est retrouvé en foyer où il a survécu en faisant le dos rond, en ne répondant jamais aux éducs, en acceptant son sort sans se rebeller. Il se montre calme et posé en toutes circonstances. D'entrée, Rufus m'a fasciné parce qu'il ne porte aucune des marques de ceux qui ont vécu dans la rue. Il n'a pas ce truc de force, d'agressivité et d'amertume lourde que je vois d'ordinaire. Il paraît plus civilisé.

D'ailleurs, sa placidité et son sérieux vont payer : après avoir été meilleur apprenti de France dans la restauration, il a pris son billet pour le Canada où il assiste aujourd'hui un grand chef et où il a fondé une famille.

Quand il revient pour Noël, Yasmina est comblée car elle a devant les yeux le fruit de tous ses efforts. Le miracle, l'enfant pour lequel la boue s'est transformée en or.

Pour Sarah, 23 ans quand j'arrive chez Tata, c'est différent. Le sort s'est acharné et elle l'a laissé faire. Elle devient rapidement ma meilleure copine. Jolie, vive, drôle et assez barrée. Quand j'apprends son histoire, je sais pourquoi : alors qu'elle n'avait que 8 ans, elle a vu son père et sa mère se pendre. De quoi démolir durablement un enfant. Tata a fait ce qu'elle a pu quand l'ASE la lui a confiée, mais Sarah demandait certainement trop de soins. Elle s'est mise à faire n'importe quoi. Dont des enfants avec des mecs pas recommandables.

Le premier, elle l'a eu avec un traîne-latte pour lequel elle a claqué la porte de Yasmina. Il lui rend la vie tellement dur que j'irai lui mettre des beignes pour qu'il arrête. Mais ça ne marche pas. Il continue de plus belle et Sarah finit par s'énerver elle aussi : un jour, elle lui plante un talon de chaussure dans le dos.

Mais le pauvre type a quand même eu le pouvoir de faire empirer la situation. En fumant des tonnes de shit au-dessus des poumons de son fils, il lui a créé des problèmes respiratoires graves. Sarah finit par revenir chez Yasmina avec son gosse. Et là, leur lien a dégénéré. Tata n'accepte pas que Sarah ne prenne pas ses responsabilités. Ma pote sort le soir, parfois même ne rentre pas de la nuit. Le tout en laissant son enfant sous la surveillance de sa mère d'accueil. Puis, quand cette dernière ne veut plus, sous la mienne. De fil en aiguille, Tata s'est vue obligée de la virer, de la contraindre à assumer sa vie et celle de son bébé.

*

Les mœurs de Sarah ont choqué Yasmina qui, sans être intégriste, vit selon les préceptes de la religion musulmane et voit d'un mauvais œil les filles trop libres avec les hommes. Au point de ne pas les plaindre quand, ensuite, elles se retrouvent dans des situations impossibles. En puritaine, elle n'apprécie pas les tenues indécentes et l'alcool.

Chez Tata, on mange hallal, mais on fête Noël.

À mon arrivée chez elle, elle veut savoir si je suis un bon musulman.

J'ai le réflexe de pipeauter, j'ai senti que pour elle c'est très important de me savoir respectueux des règles. Je lui affirme que je ne mange jamais de porc même si, jusque-là, je n'ai jamais prêté attention à la religion musulmane. J'ai déjà mis du temps à me sentir un tant soit peu algérien, alors prier… La religion, en plus, m'attire aussi peu que l'école. Pour moi, c'est qu'un truc exigeant, qui demande trop d'efforts, met des menottes. Malgré tout, chez Tata, j'essaie de m'adapter, de faire en sorte que la greffe prenne. Je veux absolument éviter un nouveau rejet. Et pour ça, s'il faut mentir, je mens.

Avec Tata, il ne faut surtout pas être un mécréant. J'apprends à faire comme si je n'en étais pas un et, à force, je m'y habitue. Avec elle, je mange hallal, prie, fais le Ramadan. Je me suis même mis à lire le Coran pour comprendre à quoi correspondaient tous ces rituels. J'y ai presque pris goût.

Pour ce qui est de l'appréciation du Bien et du Mal, je me sens un peu moins raccord avec la religion. Pour avoir vu toutes sortes de choses et de comportements limites, chez les autres comme chez moi, je suis moins strict dans mon jugement sur les minijupes des copines, le vol, la drogue… Bref, je suis plus tolérant que Tata, aussi, je le confesse, parce que c'est mon intérêt. J'essaie de l'influencer, de l'adoucir quand il s'agit de Sarah.

*

À vivre avec un ange, tu progresses, tu te bonifies. Tu continues d'aller voir Agathe et même si les deux femmes, parce qu'elles ne sont pas du même monde, ne s'aiment guère, tu trouves dans ce binôme une vitesse de croisière. Et, surtout, tu te sens enfin au chaud. T'as plus l'impression permanente de porter des chaussettes trouées, t'as plus le courant d'air en bagage.

Tu connais ton adresse et cette adresse est convenable pour toi. On t'y traite comme un être humain, on n'attend pas de toi le mal. Au contraire, on te regarde sans a priori, normalement. Parce que, chez Tata, tout le monde est comme toi, voire pire. Mais ça n'a pas l'air d'être un problème. Tout le monde ici en a vu d'autres. T'as intérêt à faire des trucs super-graves si tu veux te faire remarquer et continuer de creuser ta tombe. Et tu n'as plus besoin de te faire remarquer, ce n'est pas la peine pour qu'on s'intéresse à toi. Yasmina te laisse libre du moment que tu préviens, que tu dis ce que tu fais, et que ce n'est pas n'importe quoi.

Tu as changé parce que tu as un toit. Maintenant, que tu sais où, tu peux être quelque chose. Alors tu t'organises, tu acceptes l'apprentissage, et tu te mets à chercher sérieusement qui tu es.

13

Reconnaissance

Quand il se marre, son visage change complètement. Son teint, tout gris d'habitude, s'éclaire, ses poches profondes sous les yeux ne se voient plus, son air fatigué par la vie s'évanouit. Il semblerait presque frais malgré son blouson en cuir tout râpé.

Steve rit de ma maladresse. Ça fait un mois que j'essaie de faire correctement les crêpes. À chaque fois, je me rate et fabrique sur la plaque des trucs immangeables qui prennent des formes chelou. Là, la crêpe a une tête de muffin.

Il pourrait s'énerver, à force, de mon incapacité. Mais non, ça l'amuse. Il en a vu d'autres, Steve. Ancien taulard, 40 ans sur le papier, 60 sur le visage, il relativise, probablement. Lui et son frère cadet, Kevin, sont mes patrons. Ils tiennent un petit restaurant dans lequel ils servent un peu de tout, steaks, salades et crêpes. Ça ne marche pas trop mal et, surtout, c'est chaleureux. Ici, on me traite comme un petit frère.

J'ai appris vite fait à faire la cuisine en CAP à Cergy. Il me fallait entrer en apprentissage pour choper un boulot et rembourser Émilie. L'école, c'est fini. Je n'ai même pas réussi à terminer ma quatrième. Inapte, incapable de me concentrer, trop agité pour rester dans une salle de classe. J'ai choisi la cuisine un peu par hasard. En allant à une journée portes ouvertes, je suis tombé sur un stand où un cuistot faisait une démonstration « bananes flambées ». J'ai trouvé ça plutôt drôle, je me suis dit que, moi aussi, je ferais bien cramer des bananes dans le Grand-Marnier.

Aux fourneaux, je suis plutôt à l'aise, malgré mon petit handicap avec les crêpes. Je ne suis pas un grand chef, je ne connais que des recettes de plats simples, salades, gâteaux, mais je suis motivé. Savoir faire quelque chose. J'aime bien le bistrot des deux frères. Avec l'aîné, j'apprends la vie, avec le plus jeune, je rigole. On se balance des vannes tout le temps, on fabrique de la bonne humeur à volonté.

Je me sens si bien avec eux que j'y passe ma vie, je suis plus acharné qu'un salarié alors que je ne suis qu'en stage. Bénévolement. Je bosse trente-cinq heures par semaine, avec plaisir. Au début, je faisais les allers-retours entre la maison et le restau, mais, désormais, je ne me fatigue plus, je ne rentre plus que le soir chez Tata. Dans la journée, je reste sur place. Je m'y sens assez bien pour ça. Je mate des épisodes de séries américaines sur l'ordi de Kevin entre deux coups de feu.

Ce qui me comble, outre le fait d'avoir trouvé une fratrie qui m'a accepté et a même besoin de moi, c'est de porter une responsabilité. Au bout de quatre mois, ils me confient la cuisine et je leur prouve qu'ils ont eu raison : j'assure. Les plats sont prêts à temps, ils sont corrects, ça tourne comme il faut.

Pour la première fois de ma vie, on ne se plaint pas de moi. À l'inverse, on me complimente et, quand j'échoue au début à faire les choses, on ne m'engueule pas, on rit et on me montre pour que je progresse. Tout à coup, je suis respectable, on me parle bien, on me dit « s'il te plaît » et « merci », on me félicite pour mon coup de main.

La vie s'est tellement arrangée pour moi que j'ai maigri, je me sens moins mal dans mon corps aussi. Avec les autres, c'est plus facile d'avoir des rapports à peu près civilisés. J'apprends à être moins sauvage, à m'intéresser plutôt que d'avoir peur.

J'ai déjà commencé à aider les autres, j'ai comme une intuition qu'il y a là une voie qui m'appelle.

*

Tu as 15 ans, tu vas encore au centre de formation. Pas souvent, mais tu y vas. Tata, elle voudrait que tu sois plus assidu, même si elle a compris qu'avec toi ça ne servait à rien d'insister. Tu es têtu, tu fais des blocages, et des obsessions aussi. Comme s'il fallait que tu accroches ton attention sur quelque chose et que tu serres fort pour t'ancrer toujours plus dans du sable qui bouge encore.

Chez Yasmina, tu regardes la télé, tu t'informes. Quand tu faisais la grève chez le fermier, à 14 ans, tu avais pris goût au journal télévisé, aux bruits du monde. Tu te sentais moins isolé, moins malheureux aussi de voir des misères plus grandes que la tienne. Tu te rappelles que tu réagissais déjà aux nouvelles. Parfois même, tu réussissais à t'indigner, à éprouver de la colère ou de la pitié, ou les deux.

Un soir, tu vois un reportage sur Samira Bellil. Elle est déjà décédée, mais les images la ramènent à la vie dans l'écran. On la voit sur des plateaux à l'époque où elle venait de sortir un livre, *Dans l'enfer des tournantes*[1], qui a fait beaucoup de bruit. Elle y raconte comment elle a subi des viols collectifs et généralise son cas à beaucoup de filles qui vivent dans la cité et sont naturellement considérées comme des putes. Non seulement elle est belle et charismatique, mais elle est très émouvante et intelligente. Sa façon de décrire sans passion, calmement, son drame et d'en faire un motif de combat te fascine. Tu voudrais l'écouter pendant des heures, tu voudrais qu'elle ne soit pas morte, réparer le mal qui lui a été fait et empêcher qu'il soit fait à d'autres.

Ça tombe bien parce que c'est possible : en rejoignant les rangs d'une association pour laquelle Samira Bellil a essayé de récolter des moyens, Ni Putes Ni Soumises. Tu ne sais pas encore, tu es trop jeune pour cela, qu'en fait ton héroïne, avant de mourir, s'était détachée de l'association jusqu'à la renier. En attendant, tu vois l'occasion d'être utile en servant Samira, la cause de Samira. Tu n'as aucune idée de pourquoi elle

1. Denoël, 2002.

t'émeut tant, tu ne vois pas pourquoi tu te reconnais en elle, en quoi tu voudrais l'aider, elle et les autres. En réalité, tu voudrais t'aider mais tu ne le sais pas encore.

Alors tu n'as pas peur, tu te pointes chez les femmes de Ni Putes Ni Soumises et tu proposes tes services. Elles ne te prennent pas très au sérieux d'abord et s'inquiètent rapidement de ton âge et de ton autorisation à traîner avec elles. Elles exigent que tu sois accompagné, mais, comme tu n'as rien dit à ta tante, tu viendras seul. Finalement, tu avoues, tu dis tout à Yasmina qui, tu l'aurais parié, est mécontente. Ça la choque le coup des Ni Putes Ni Soumises. Elles sont moins que des mécréantes. Elle irait presque jusqu'à estimer que les filles qu'on viole le méritent. Elles n'avaient qu'à pas traîner.

En voyant ta détermination, elle consent mais te demande d'aller à l'institut de formation et de ne pas lui raconter ce que tu fabriques avec ces filles de peu. Au début, tu déconnes, tu ne vas plus jamais au CFA parce que tu préfères largement ce que tu fais, de concret, à Ni Putes Ni Soumises. Mais Yasmina redresse la situation par une conversation assez ferme avec toi, alors tu fais des concessions. Tu conviens avec elle que, pour tes activités sociales, tu profiteras des mercredis où le CFA, à bout avec toi, te relâche pour ne pas avoir à te gérer.

Tu t'es fait accepter dans l'association, tu es très présent, tu agis là où il y a un manque, c'est-à-dire partout. Tu accompagnes la coordinatrice de projets, tu fais la petite main : tu appelles les gens pour les inviter à animer des débats, tu aides à préparer les événements comme la Journée de la jupe ou le Grand Gala.

Surtout, tu souris parce que tu te retrouves à faire la tournée des collèges et des lycées pour faire de la prévention par des interventions. Tu as la parole dans la classe, c'est toi qu'on écoute. En tant que cancre, tu jouis de la situation.

Et quand il s'agit d'aller s'énerver à République pour dénoncer la montée de l'intégrisme et mettre une burqa sur Marianne, tu n'es pas celui qui crie le moins fort face aux CRS venus te débusquer. En signe de protestation, toi aussi tu as enfilé une burqa et, quand il faut courir parce que tu as balancé des panneaux dans la face des forces de l'ordre, tu ne vois pas le trottoir et tu te demandes comment tu ne t'exploses pas violemment.

Tu aimes bien l'action et les motifs du combat dans lequel tu t'investis maintenant. Comme Samira, comme les autres, tu es victime et tu sais maintenant que ça donne de la force.

*

On m'a dit que j'avais tendance à trop donner. À Ni Putes Ni Soumises, je me suis débrouillé pour être en contact avec les victimes qui arrivaient dans des états souvent extrêmes. Une attraction irrésistible me faisait traîner là où on leur servait du café et du réconfort. J'ai vite commencé à poser des questions, à ouvrir mes oreilles, accorder mon temps. L'empathie chez moi s'est installée naturellement et a pris une place trop grande. Je me suis mis à souffrir avec ces femmes esquintées, à les comprendre parfaitement. Mais à force de les rencontrer, après des heures en leur compagnie, j'ai appris à prendre la distance nécessaire avec elles, à ne pas trop m'identifier, à tirer de mon expérience la capacité de compréhension du malheur sans me projeter et me confondre.

Pour contrôler ma compassion, il aurait fallu que je ne sois pas si sensible. Et que je n'aie pas traversé, comme elles, les cercles de l'enfer. Que le monde soit un peu moins dégueulasse, qu'il tape un peu moins sur les femmes, les enfants.

Le mal a le bras long. Il arrive jusque chez Tata. Mon « frère d'accueil », Ahmed, a de gros problèmes. Pas parce qu'il n'est pas sérieux et aurait commis des délits. Mais parce qu'il n'a pas de papiers. Depuis quelques mois, il travaille dans une usine qui conditionne de la confiserie. C'est par le frère de ma mère biologique qu'il a obtenu le boulot. Il est ravi d'avoir un job et le prouve en le faisant bien.

Mais il y a deux semaines, alors qu'il s'y rendait joyeusement, remerciant comme tous les jours le ciel de lui accorder un emploi, une chance de s'en sortir, il s'est fait arrêter par la police. Ils l'ont emmené d'abord au commissariat, puis direct à Rouen dans un centre de rétention. Grâce à Ni Putes Ni Soumises, je connais des gens qui peuvent l'aider. Notamment une avocate avec laquelle je suis en train de me battre pour lui et réussirai à le faire libérer.

Hier, nous lui avons rendu visite. Et, maintenant, je ne bouge plus du canapé de Yasmina, encore choqué de ce que j'ai vu. En quelques jours seulement, Ahmed a radicalement changé. Il a beaucoup maigri et, le plus choquant, c'est sa peau recouverte de plaques rouges. Une infection attrapée à cause de la promiscuité et du manque d'hygiène du centre. Il m'a vraiment fait de la peine. Il répondait à peine à nos questions, il donnait l'impression d'avoir déjà perdu, de ne pas croire qu'il allait échapper à son sort. Il tirait une gueule de fatalité.

*

Tu peux légitimement croire en la fatalité, le déterminisme. Si t'es dans la merde au début, tu as peu de chances de ne pas l'être à la fin. Tu peux facilement perdre espoir comme Ahmed ou perdre la tête comme Sarah et laisser le destin s'amuser à reproduire le malheur. Le jour où l'hôpital t'appelle et te demande si tu es bien le père du petit Cédric, tu restes muet pendant quelques secondes. Le temps de comprendre la situation : Sarah a menti et dit que tu étais le père de son enfant malade. Impossible de donner le nom de son vrai père. Tu es à la fois flatté et triste. Tu es content qu'elle ait pensé à toi comme à un daron crédible. Tu regrettes un peu, comme Tata, qu'elle ait un enfant qui se prépare à être malheureux, auquel elle donne toutes les chances d'être placé. Comme toi. Comme elle.

Tu voudrais que la merde n'ait plus la force de se répéter, tu voudrais l'arrêter, tu y travailles comme tu peux. Mais quand tu regardes Sarah, tu crains d'avoir perdu.

14

Indignes

Mon oncle Hichem n'est pas autorisé à faire ça, m'emmener voir ma mère sans médiateur. Il est cool, il s'intéresse un peu à moi, et il essaie d'arranger les choses quand il peut. Évidemment, il se sent coupable. Il n'a rien fait quand il l'aurait fallu, quand j'étais bébé. Les excuses qu'il se donne et que je lui trouve pour ne m'avoir pas recueilli n'effacent rien de mon histoire glauque. Mais, au moins, aujourd'hui, il essaie un peu de se racheter. Ses frères, en revanche, c'est une autre histoire.

Le chemin de la maison de ma grand-mère, je l'ai déjà fait. Je ne sais jamais si je suis content ou pas. Ça me fait toujours un peu bizarre de traverser Les Mureaux en me disant que je vais voir « ma famille ». J'ai beau les avoir rencontrés plusieurs fois, ils me sont étrangers… J'ai peu en commun avec eux et il m'arrive même, je l'avoue, de ne pas vouloir de ce lien du sang qui m'attache au malheur.

Quand nous arrivons en bas de l'immeuble avec mon oncle, je vois la tête de ma grand-mère Djamila à la fenêtre, le nez écrasé contre la vitre. Elle nous guette. Je descends lentement de la voiture, je ne suis pas si pressé d'entrer. Je sais que les trois femmes sont là, qu'elles ont dû faire des efforts ce matin. J'imagine que Djamila a essayé de faire en sorte que ses filles s'habillent correctement, ne me fassent pas trop peur, et qu'elle s'est épuisée à tout ranger et nettoyer dans cet appartement dévasté.

C'est elle qui ouvre la porte et me prend dans ses bras. Elle a appris à m'aimer et je le lui rends maintenant. Elle aussi regrette tout ça. Elle aurait voulu me garder petit, mais elle avait déjà ma mère et ma tante chez elle et ne s'en sortait pas. Je suis ému par la tendresse de ma grand-mère et par les efforts énormes qu'elle a faits pour ma venue. Elle fait comme elle peut pour me signifier que je compte, que de n'être pas là ne m'ôte pas ma valeur.

Ma mère se tient derrière Djamila, elle essaie de sourire. Je vois bien qu'elle a peur, qu'elle sait que le moment est important, puisque je suis là et que je suis son fils. Tout est bien propre, sent le frais et le bon déjeuner. On dirait que c'est l'haïd. Les petits plats ont été mis dans les grands, et l'aspirateur a été passé.

Ma tante se tient devant la porte de la cuisine. Elle fume, le regard absent. Elle m'effraie toujours autant. On dirait qu'elle a été dessinée par un peintre barjot. Ses cheveux sales ébouriffés encadrent un visage rendu grotesque par une barbe, noire et drue, et un maquillage extraterrestre. Elle ne suit pas les traits de son visage avec ses pinceaux mais crée des espèces de diagonales colorées absurdes. Sa dégaine est un poème, sa présence un malaise. Elle fume clope sur clope. C'est, je crois, sa seule occupation. Elle est toujours à deux doigts de foutre le feu à la baraque parce qu'elle s'endort la cigarette au bec à cause des traitements.

Ma tante est bien plus inquiétante que ma mère, partie plus loin encore. Elles partagent la même chambre bordélique et crade chez ma grand-mère qui, à plus de 80 ans, les a toujours à charge. Elles ne sont pas capables de tenir une maison et, maintenant, Djamila n'arrive plus à maintenir la sienne dans un état décent.

Aujourd'hui, c'est fête, je suis là. Djamila a nettoyé la maison. Pas de cafards dans le frigo, de restes de nourriture moisie et autres trucs ignobles. D'ordinaire, non, je n'ose pas tirer le gros rideau orange qui sépare la chambre de ma mère et de ma tante du salon, je suis au bord de la suffocation. Des vêtements sales sont agglutinés en tas au pied du lit de ma tante, les draps sont souillés mille fois et des bouts de biscuits, des pelures de pommes, des pots de yaourt restent là comme pour tenir compagnie à ma tante. Mais pas aujourd'hui.

Ma mère paraît heureuse aujourd'hui. Elle comprend à peu près les conversations. Ma présence a l'air de l'animer. On dirait qu'elle s'est réveillée d'un long coma. Comme moi quand, au foyer, ils avaient fini par m'autoriser à arrêter les cachets.

Avec ma mère, ça va mieux depuis qu'elle a fait la grâce de me raconter son histoire. Mon histoire.

*

Tu ne veux pas de lui pour père. C'est trop tard. Tu t'es passé d'un daron. Parce qu'un daron comme lui, on préfère s'en passer.

Ce n'est pas pour ça que tu t'acharnes à lui mettre la main dessus. Tes raisons sont bien différentes, toi, tu veux qu'il sache. Qu'il ait une idée très précise de ce qu'a été ta vie, de ce qu'ont été tes premières années, les plus importantes, celles dont on dit qu'elles sont les meilleures, parce que, après, adulte, tu luttes. Tu as dans le cœur depuis que tu connais son existence et l'ampleur de sa saloperie de lui jeter à la gueule toutes tes larmes, de t'en débarrasser pour toujours. Tu considères, même si ça peut paraître peu, que la vérité dans sa face suffira à lui gâcher la vie, à ruiner sa conscience. La vérité, pour toi, c'est la facture. Et tu vas lui tendre.

Tu ne portes pas son nom et ce nom, tu le maudis. Ce nom qu'il a refusé de te donner, qu'il a gardé pour sa petite vie de mensonges et pour ses autres enfants. En soustrayant son nom à ta naissance, il t'a nié, il t'a effacé.

Mais tu n'as pas traversé tout ça, tu n'as pas repris consistance pour lui laisser son blanc autre part que sur ta fiche d'état civil. Alors tu le cherches et, comme tu connais son nom et qu'il habite précisément Les Mureaux, la ville de ta mère, tu finis par lui mettre la main dessus. Tu as une cousine qui t'aide parce qu'elle le connaît. C'est sûr, elle ruine ton effet de surprise, mais elle te donne son numéro et t'aide à le contacter.

Tu l'inondes de textos à chaque fois que tu viens aux Mureaux. Tu n'es pas agressif, tu te montres poli, tu demandes un entretien. Il ne te répond pas souvent. Tu sens qu'il est gêné. Il ne sait plus comment échapper à ton histoire. Au fond, il est obligé de reconnaître qu'elle fait partie de la sienne.

Tu fais un rêve : tu le rencontres, ça se passe mal.

Tu lui balances tout, dans le désordre, dans le tumulte. Tu ne pleures pas, au contraire, tu serres les dents. Tu fais un effort de concentration suprême pour ne rien oublier de tout ce que tu as enduré pendant quinze ans. Tout ce que tu as souffert, juste parce que, un jour, il a eu envie de baiser ta mère. Juste parce que ta mère était belle et qu'elle marchait le long d'une route.

Il t'écoute attentivement, aussi parce qu'il n'a pas le choix. Mais il est incrédule. De plus en plus. À la fin, il te regarde et te dit :

— Il n'y a pas de preuves.

À quoi ? À ta naissance.

— Je suis là, je te parle, regarde-moi. Regarde mes yeux. Je suis ton fils.

À sa paternité.

Il n'est pas ton père, c'est impossible, ça ne correspond pas.

— Ma mère n'a eu qu'un seul amant. À cause de toi. C'est toi.

Il nie. Il exige des preuves scientifiques. Il les aura. Après, tu t'en vas. Le silence retombe, tu perds le contact. Ça ne te sert à rien. Il n'y a pas d'échanges possibles.

Un jour, quand même, tu ne sais pas pourquoi, ça te prend, tu fais un tour. Un dimanche, tu es venu voir ta grand-mère. Tu vas quelques blocs plus loin dans la cité, tu lèves les yeux. Tu ne le vois pas à la fenêtre, comme ça t'est déjà arrivé.

Tu montes dans la cage d'escalier sombre. Comme ta mère l'a fait des années plus tôt. Tu sonnes à sa porte. Tu n'entends rien d'abord. Puis des pas, des petits pas, de femme. La porte s'ouvre. Elle te dit « bonjour ». Elle sait qui tu es. Tu ressembles à ta mère.

Tu demandes si tu peux le voir.

Elle secoue la tête : non, il est sorti faire des courses. Il n'est pas là.

Épilogue

Il a réussi à se faire accepter porte Dauphine. Il suffit de quelques collègues, de gens dans la même merde pour avoir moins froid. Mais se sentir plus vivant, certainement pas. Impossible. Lui, il est mort pour la vie. Il traîne son cadavre sur les extérieurs pour le vendre à ceux et, hélas ou tant mieux, ils sont nombreux, à ceux qui sont prêts à payer pour le baiser. Cerné, toxico, il a plus d'os que de chair, dissipée avec l'espoir, crevée dans la dernière rondeur croisée, celle du ventre de sa mère.

Son ombre, quand il marche, découpe le trottoir et le cœur de ceux, les humains, qui le voient. Mieux vaut qu'ils ne lui parlent pas. Ainsi ils ne l'entendront pas dire qu'il se fout d'avoir le SIDA, qu'il rit bien de mourir, lui qui est né avant d'être vivant, dont le premier cri était déjà inaudible, qui n'a jamais eu de cordon et, de fait, a omis d'avoir un nombril. Ils ne l'entendront pas avouer calmement qu'il va se faire opérer bientôt, parce que les clients préfèrent les transsexuels, que ça paie mieux. Ils ne lui demanderont pas son âge parce qu'il n'en a pas, à la place, il a une somme qui ne tombe pas juste, 19.

Au foyer, il était discret, il se faisait oublier. De lui-même aussi. Mais je l'ai retrouvé parce que, au moment d'écrire ce livre, je voulais savoir ce qu'étaient devenus les autres. Et j'ai su, ou plutôt j'ai vu. Et comme pour Cyril, ce n'est pas brillant. Souvent moins pire, parfois autant.

Ils ont chacun leur histoire, mais ils sont tous passés par une même case : l'enfance placée. Ça, ils l'ont en commun, et c'est ce qui produit la statistique négative : majoritairement, ils ne s'en sortent pas du tout. Sur le trottoir, SDF ou putes, ou les deux, camés, précaires, galériens, prisonniers, criminels, voleurs, malades, souffrants… Globalement dans la merde.

Ils se détruisent, se nuisent et abîment la société.

Ils font exprès, pour se faire remarquer, pour attirer l'attention, manifester avec les mots qu'ils n'ont pas que leur malheur te concerne.

Le sort m'a gâté, finalement. On m'a aimé quand même, un peu. On m'a donné la force qu'il fallait pour ne pas sombrer, l'envie de me battre. J'ai réussi à fêter mes 18 ans, à repérer la porte de l'émancipation. Je m'en suis sorti.

Un jour, j'ai décidé de solliciter une journaliste. Je lui ai raconté ma vie, elle a compris que mon témoignage disait plus que ma propre histoire. Elle m'a aidé à retrouver les traces de mon passé, à remonter aux sources, à mon dossier administratif – si fuyant que je n'étais plus certain qu'il existe –, et m'a présenté une éditrice. C'est ainsi que je suis là à crier, pour susciter votre intérêt.

J'entends souvent les autres, ceux qui ont eu des parents, se plaindre de leur famille, lister les reproches, propager les mauvaises rumeurs sur leurs père, mère, oncle, etc. J'avoue ne pas comprendre. J'avoue ne pas supporter. Dans ces cas-là, je me tais, ravale ma colère, mon envie de hurler : « Tu ne sais pas la chance que tu as ! » Maintenant, je pourrais dire : « Lis mon bouquin. »

Parce que, tu sais, ceux qui, comme moi, viennent de rien, ils sont nombreux. Et bien trop vulnérables et dangereux pour qu'on les laisse tomber.

Au sujet de Lyes

Je l'ai connu tout petit, encore en chaise haute de bébé, mignon comme tout. Il écoutait des chansons en cassettes tout en mangeant ses pâtes au jambon. Je l'ai aimé tout de suite et nous avons eu une longue histoire qui n'est pas terminée.

Il avait déjà du caractère et ses grands yeux noirs irrésistibles. J'appréciais sa façon de réfléchir quand on lui disait quelque chose, on sentait qu'il était posé et très intelligent. C'est l'avenir qu'on lui a construit qui a tout compliqué.

Je ne le voyais pas souvent, environ une ou deux fois par an, et parfois seulement le temps d'un repas, quand sa famille d'accueil m'invitait à la rejoindre lors d'un passage à Paris. Mais c'était mieux que rien et le lien a perduré.

Je lui écrivais des cartes, je lui faisais des petits cadeaux. Je me souviens particulièrement d'une petite balle que j'avais trouvée au BHV et qui rebondissait très fort : il la jetait et je la rattrapais. Il y a eu aussi de petits animaux en plastique, des peluches, des friandises, puis des livres, des revues pour adolescents, etc.

Émilie le gâtait elle aussi. Il m'a dit un jour, alors qu'il était encore assez petit pour tenir debout dans le chariot Caddie d'un magasin : « Elle m'achète toujours quelque chose. » C'était souvent utile mais pas seulement : je me souviens de toutes petites pantoufles si touchantes dans l'entrée de la maison, à côté des grandes chaussures des adultes ; je me souviens de toutes les peluches sur son petit lit ; et aussi d'un beau vélo qu'il avait eu à un Noël. Il devait se douter de quelque chose car, après s'être levé, il avait tout de suite tourné les yeux vers le sapin du salon.

Émilie m'avait dit la veille : « Je lui ai acheté un très beau vélo. » C'était sa manière de montrer sa tendresse pour cet adorable petit garçon.

Il paraît qu'il était capricieux, je ne m'en souviens pas, mais je ne le voyais pas assez souvent pour avoir une réelle opinion. Une fois seulement, je l'ai vu jeter un petit ours de toutes ses forces au loin, mais cela m'avait amusée et j'avais ramassé l'ourson sans me formaliser.

Il ne m'impressionnait pas du tout et je ne craignais pas un caprice, mais j'ai tendance, il est vrai, à être plutôt conciliante, quitte à m'énerver quand les bornes sont dépassées. Mais avec lui cela ne pouvait pas arriver car il n'était pas à ma charge, j'avais plutôt le privilège d'avoir fait sa connaissance alors que je n'étais rien dans le circuit officiel, juste une amie.

Je voyais bien qu'il était extrêmement et loyalement attaché à Émilie et à son mari. C'est sans doute pour cela que la souffrance et la révolte ont été par la suite si intenses.

Les années ont passé. Je ne savais pas grand-chose de leur vie quotidienne, jusqu'au jour où Émilie et son mari m'ont dit qu'ils devaient quitter la région parisienne pour aller s'installer en province pour des raisons professionnelles. La formule était sans doute malheureuse mais Lyes devait « être rendu » ! Émilie et son mari avaient fait tout ce qu'ils avaient pu pour obtenir l'autorisation de l'emmener, mais l'ASE a refusé.

Des années plus tard, alors que je demeurais à Paris, j'avais écrit au juge des enfants pour demander l'autorisation de voir Lyes de temps à autre sur le conseil de la référente. Celle du moment – car il en a changé souvent – est venue voir mon appartement et moi-même. Au cours de la conversation, elle m'a avoué que, si elle avait été en charge de Lyes à l'époque, elle aurait donné son accord pour qu'il parte avec Émilie.

Cela prouve que c'était possible. L'argument principal de l'ASE étant que, selon les règlements, il ne pouvait pas être à moins d'un certain nombre de kilomètres de sa mère. « On » l'a donc placé dans une famille en banlieue parisienne à nouveau. Très mauvais choix ! Émilie conservait toutefois le droit de l'avoir pour les vacances deux ou trois fois par an.

Pour cela, il prenait l'avion avec les groupes d'enfants accompagnés par une hôtesse de l'air. Il avait donc l'autorisation de voyager assez loin. En quoi l'inverse aurait-il été gênant ? Il aurait pu aussi bien aller vivre avec Émilie et son mari et prendre l'avion pour venir voir sa mère.

Tout ça repose sur une logique administrative incohérente : on sait très bien pourtant que des dérogations sont possibles. Il faut tomber sur la bonne personne, au bon endroit et au bon moment. Et surtout avoir la volonté de le faire au lieu de suivre les chemins tout tracés. C'est tellement plus facile d'avancer toutes sortes d'arguments comme le manque de personnel, le manque de familles d'accueil, les règlements, au lieu de se bouger et surtout de vérifier où l'on envoie un enfant. Un enfant n'est pas un objet !

Pourquoi la juge m'a-t-elle finalement donné, des années plus tard, sans me connaître ni souhaiter me recevoir, l'autorisation de recevoir Lyes deux week-ends par an ? Sans doute parce que la référente du moment ne s'y est pas opposée.

Je ne me rappelle pas les détails, mais il est vrai que j'avais rencontré une première référente, celle qui était venue chez moi et qui semblait être une personne remarquable, puis une autre référente avec laquelle je me sentais moins à l'aise car elle était jeune et me semble-t-il un « peu raide ». Elle était cependant amicale et faisait probablement très bien son travail.

Elle m'avait notamment dit, je m'en souviens : « Je n'ai aucun autre enfant qui ait autant de personnes qui s'intéressent à lui. » Et des années plus tard, par téléphone, elle m'a dit, après avoir menacé de faire chercher Lyes chez moi par la police : « Je suis peut-être trop dure ! »

À l'époque de ces deux rencontres avec les référentes, Lyes était déjà en foyer. Il avait parcouru du chemin : familles d'accueil diverses et variées, vacances pourries, petites vacances avec Émilie deux fois par an, séjour plus ou moins punitif dans une ferme, puis quelques jours dans une autre avec d'autres lascars de son espèce...

Il me téléphonait souvent. Quand il était petit, il m'avait appelée en PCV, cela m'avait stupéfiée. Comme je n'avais pas d'expérience avec les jeunes enfants, tout m'émerveillait. Comment avait-il eu cette idée ?

Alors qu'il était adolescent, j'avais eu l'autorisation de le garder huit jours un été. Il avait été si difficile que j'avais renoncé et avait téléphoné pour dire que « je n'assumais pas » ; après moult petits événements plutôt déplaisants, je l'avais remis dans le train.

J'essayais toujours de lui parler doucement, de le gâter un peu, je voyais bien qu'il était mal à l'aise, malheureux, mais je ne savais pas quelle était la bonne attitude à adopter : tout semblait l'irriter, tout lui déplaisait.

On m'a dit un jour que son comportement était « normal » pour un adolescent de son âge. C'était moi qui ne savais pas m'y prendre. Cela me fait encore mal quand je le revois à cet âge.

Après ce séjour écourté, il s'était retrouvé brièvement dans la seule famille d'accueil inconnue que l'ASE avait réussi à trouver à l'improviste pour la fin de l'été.

L'année suivante, pour résoudre tous ces conflits, il a purement et simplement refusé de partir en colonie de vacances, il préférait rester dans sa banlieue à regarder la télévision.

En effet, il avait été renvoyé du foyer et était alors chez une énième et dernière famille d'accueil, celle qu'il appelle « l'ange ». C'est probablement fort mérité car elle a su s'y prendre avec lui. Elle-même avait mené une vie familiale dure et savait faire preuve d'autorité ou de douceur. Analphabète, mariée à 13 ans, mère de six enfants, généreuse mais assez robuste pour gérer, les uns après les autres, des gamins désorientés et difficiles.

Je pense qu'elle s'est attachée à Lyes, en tout cas elle l'a suivi, admonesté, aidé, jusqu'à sa majorité. Il me téléphonait souvent, surtout quand il n'avait pas le moral ou que quelque chose n'allait pas. Mais que pouvais-je faire quand il me disait qu'il attendait dehors dans le froid qu'elle revienne de ses courses pour le faire entrer ?

Il n'a jamais eu de clé de la maison. Cela me révoltait et m'indignait car je croyais, et je continue à croire, tout ce qu'il me raconte. Je tenais à maintenir cette confiance en moi afin de lui assurer un point d'appui. Même si ces milieux différaient, il était capable de faire la part des choses.

Cette famille d'accueil m'avait invitée à déjeuner une ou deux fois et, réciproquement, elle était venue chez moi. J'étais mal à l'aise car nous n'avions pas grand-chose à nous dire mais nous nous téléphonions parfois au sujet de Lyes afin de faire le point car il arrivait qu'il dise quelque chose à l'une et différemment à l'autre. C'est vrai qu'il donnait l'impression d'un enfant ballotté, jouant les uns contre les autres, tentant de nous manœuvrer parfois.

« L'ange » m'avait dit un jour, et cela était touchant : « J'ai pleuré sur cet enfant. » C'était la preuve de beaucoup de cœur.

Je crois qu'elle était plus lucide que moi, mais que, chez moi, il trouvait un certain cocon qu'il souhaitait conserver, c'était en quelque sorte la suite de son séjour chez Émilie : un peu gâté, me manipulant un peu peut-être, mais aussi souhaitant garder ce lien car sans doute il sentait l'attachement que je lui portais et je pense que c'était bénéfique.

Émilie disait qu'il me menait par le bout du nez. Je pense que ce n'est pas tout à fait exact, j'étais un peu laxiste peut-être mais pas trop, j'avais des limites et parfois je finissais par m'énerver.

Un jour, au téléphone, je racontais à sa référente comment il m'avait irritée, je ne sais plus pourquoi, et qu'il m'avait dit : « Je m'en vais, je pars ! » et je lui avais dit, je crois, « D'accord va prendre l'air, mais tu sais que je suis responsable de toi pour la journée », et j'avais laissé la porte de l'appartement ouverte. Elle m'avait répondu : « Oui, c'est ça, il faut qu'il sente que la porte reste ouverte... », et effectivement il était revenu, un peu fermé, un peu agressif, perdu en quelque sorte.

Il ne savait sans doute pas lui-même ce qui aurait pu l'apaiser. J'étais affolée qu'il parte vraiment, Dieu sait où, dans le métro, faire de mauvaises rencontres... La juge avait autorisé la journée, et je me voyais déjà lui annoncer qu'il avait disparu, c'était très angoissant.

En fin de journée je le raccompagnais, parfois assez loin, en métro ou en RER, et je détestais ces transports tristes et froids. En général je lui avais fait un petit cadeau sans grande valeur, un livre ou un objet choisi dans un de ces magasins du quartier ouverts le dimanche, un peu d'argent, j'achetais son ticket de métro et de RER... J'avais le cœur serré.

Peu à peu, sa famille d'accueil l'autorisa à venir déjeuner chez moi presque chaque dimanche. Il venait, nous préparions le déjeuner ensemble, souvent une pizza thon olives noires, ou une salade grecque avec de la feta. J'achetais de bons gâteaux pour le dessert à une délicieuse boulangerie bio du quartier ; on buvait du Coca-Cola.

Il aimait préparer le repas et attendait que nous soyons à table pour commencer à parler de ce qui l'intéressait ou éventuellement le préoccupait. Je l'ai vu, bouleversée, avoir une crise de désespoir, en larmes. Je n'ai pas bien compris pourquoi, je crois qu'un de ses copains avait été envoyé en centre fermé, mais je n'en suis pas sûre.

D'ailleurs, ce garçon avait peut-être une mauvaise influence sur lui car Lyes commençait à adopter un ton dur et insolent et cela ne lui ressemblait guère. En réalité, je ne sais rien de cet événement. J'extrapole peut-être.

Une autre fois, il était venu avec une camarade pour qui j'avais immédiatement ressenti de l'antipathie : ils s'étaient incrustés, ils avaient mangé mes provisions, craché depuis le balcon. Des voisins étaient venus se plaindre.

Il avait deux autres amies que j'aimais bien, dont l'une a passé un CAP. Le jour des résultats, quand elle a su que ceux-ci n'étaient consultables que sur Internet, elle était en larmes. Lyes m'a immédiatement téléphoné pour que je consulte le site sur mon ordinateur et que je les rappelle : son amie avait été reçue ; j'étais heureuse d'avoir pu lui être utile.

Lyes a bon cœur et il aime aider. Il avait une autre amie que j'ai souvent revue avec lui, elle était plus grande que lui, très belle, très sérieuse et sympathique, je crois qu'elle a eu son bac. Elle avait aussi des difficultés familiales mais elle avait décidé de tourner la page. Lyes n'y arrivait pas, il voulait être utile et travailler dans le social. Il y travaille actuellement avec détermination et courage. Je l'aide autant que je peux.

Au fil des années, nous nous connaissions bien, il aimait venir chez moi, il me téléphonait pendant ses galères, je lui donnais un peu d'argent, assez peu, je n'en avais pas beaucoup et je craignais que nos relations ne prennent une tournure un peu intéressée.

Il n'était pas toujours poli, et je détestais cela, mais il savait être touchant et parfois il l'était vraiment. Je ne pense pas que c'était seulement du charme pour me manipuler. Une personne de sa famille m'avait dit, lorsqu'il était petit : « Vous comptez beaucoup pour lui. » C'était gentil de me le dire et je pense que c'était vrai.

Lorsqu'il était dans la ferme, il téléphonait parfois mais ce n'était pas facile avec le fermier, il fallait trouver un moment où celui-ci était absent ou bien Lyes avait un mobile, je ne me rappelle pas exactement les détails.

En tout cas, au début il était complètement révolté parce qu'il n'y avait pas de draps. Je lui avais envoyé par la poste deux draps de lit une place et une taie d'oreiller, pas les plus beaux que je possédais et bien m'en prit car ils sont restés là-bas avec le reste : un joli livre de recettes de cuisine du Maroc que je lui avais donné et d'autres choses qu'il n'a pas eu le temps de récupérer, car, si j'ai bien compris, on est venu le rechercher aussi inopinément qu'on l'y avait amené : l'effet de surprise est-il une technique pédagogique pour maîtriser les ados difficiles ?

Parfois, je restais longtemps sans nouvelles. Il m'est également arrivé d'envoyer une carte postale ou une petite lettre qu'il ne recevait pas : par quel mystère ces courriers se perdaient-ils ?

Quand, plus tard, je lui en parlais, on pouvait tout imaginer : erreur postale, détournement de courrier, jalousie, négligence, mensonge ? Heureusement, il ne s'agissait que de cartes d'anniversaire ou de Noël.

À ce sujet, lorsqu'il a été renvoyé du foyer, une personne du secrétariat avait envisagé de se débarrasser des quelques vagues possessions de Lyes restées là et heureusement une éducatrice les a sauvegardées.

Récemment, donc, des années après son renvoi, elle les lui a rendues et il a ainsi reçu une carte « avec des tigres » que nous lui avions adressée des années auparavant. Il me l'a dit il y a environ huit jours.

Une fois, il a fait une fugue et il est venu me voir à mon bureau, c'était la belle saison et la porte était ouverte sur le jardin. Auparavant il avait dû se faire ouvrir la grille de la rue par le gardien qui lui avait crié après.

Mon patron, un homme généreux, qui m'avait souvent entendue parler de Lyes, n'a fait aucune remarque. Il était admis et chacun continuait discrètement son travail sans se préoccuper de lui.

C'était un peu délicat. Je lui avais dit de s'asseoir un moment le temps que je finisse ce que j'avais à faire puis nous étions allés à la Poste où j'allais déposer le courrier. Nous nous étions arrêtés dans le café de son choix pour boire un Coca-Cola et parler un moment avant que je ne le raccompagne au métro en lui achetant comme à l'habitude des tickets et lui donne un petit billet.

C'était la veille des vacances, il devait partir en colonie mais il était inquiet. Je ne me souviens pas pourquoi, sans doute craignait-il des incidents comme il y en avait si souvent avec lui. Je me souviens de m'être sentie inutile et inquiète.

J'ai toujours jugé préférable de lui apprendre à se servir du plan du métro, de lui montrer où je travaillais ou de lui payer des recharges de téléphone pour qu'il ne soit pas démuni, afin qu'il coure moins de risques, afin de le protéger un peu. Plus tard, il s'est retrouvé sans argent et l'ASE lui laissait le soin de payer ses amendes de transport parce qu'il n'avait pas de carte Navigo.

Je crois qu'il avait été puni et privé d'argent de poche mais je n'ai jamais su le fin mot de l'histoire. Je lui ai envoyé de l'argent sur son compte pour le prélèvement des amendes par le fisc. Je l'avais un peu mauvaise envers l'ASE.

Ensuite, il y a eu les années difficiles d'apprentissage. Le monde de la restauration est beaucoup plus dur qu'on ne le croit pour un gamin : lavage des couverts dans l'eau bouillante, couperose en faisant cuire des biftecks au-dessus d'un gril brûlant, reproches si l'apprenti ne réagit pas assez vite, fin du service à 23 heures alors qu'il n'y a plus d'autobus, retour à pied en pleine nuit en banlieue sur des kilomètres, indemnités misérables…

J'étais très soucieuse et je m'inquiétais énormément. L'année suivante il a choisi de faire le service en salle, puis l'année suivante il a passé avec d'excellentes notes un CAP de vendeur en alimentaire.

Lyes n'a pas trouvé d'emploi en alternance et son école n'a pas voulu le reprendre. J'étais révoltée, il était désespéré. Je le sentais fragile, intimidé mais courageux. Nous sommes malheureusement impuissants devant le chômage et l'injustice.

C'est peu après que j'ai commencé moi-même à avoir des difficultés. J'étais retraitée avec des revenus diminués, un appartement relativement spacieux que j'avais pu acquérir afin d'avoir une chambre d'ami pour le recevoir.

C'est pour lui que j'ai acheté cet appartement plutôt vétuste mais assez beau tout de même et que j'ai remis en état. Mais j'avais sous-estimé les charges d'immeubles qui se sont succédé et je n'arrivais plus à faire face.

Personne n'a su me conseiller et surtout pas la banque pour qui je n'étais qu'une petite cliente parmi d'autres. Je n'ai pas pensé à consulter l'aide au surendettement car je n'étais pas surendettée, pour moi c'était les charges d'immeuble qui étaient trop lourdes. Dans mon esprit c'étaient deux choses différentes. J'avais tort.

La vente de l'appartement a été très rapide et mon départ a paru très brutal à Lyes. La famille d'accueil m'a dit « qu'il était désespéré » et je me suis sentie très coupable. J'ai eu par la suite d'autres difficultés en province. J'ai fini par aller très mal.

Deux ans plus tard j'ai acheté une maison mais tout avait changé. Lyes est venu en vacances deux fois, il a fait une chute de vélo la première année, et la deuxième année il se débattait pour trouver un emploi et nous avons passé beaucoup de temps à rédiger curriculum vitae et lettres sur Internet.

Il était devenu très sérieux et responsable. J'avais l'impression d'être déconnectée, je n'étais plus parisienne et j'étais retraitée.

À propos de l'appartement, je désire raconter comment j'ai essayé d'obtenir l'agrément de famille d'accueil dans le secteur où j'habitais, dans le 15e arrondissement : en résumé après avoir été reçue par une première personne puis par un psychologue, après avoir assisté à toutes les petites réunions obligatoires, j'ai remis un dossier de demande.

À partir de là, cela est devenu dantesque : une femme médecin est venue voir mon appartement qui ne lui a pas paru assez élégant. « Vous reviendrez me voir lorsque vous aurez fini de le rénover. »

Il me semble que j'avais déjà fait installer le chauffage central, rénové l'électricité et créé des sanitaires neufs. Je ne me rappelle pas précisément l'ordre des événements mais l'appartement était spacieux, avec deux chambres, une salle de bains, etc., suffisant pour que deux personnes puissent y vivre. Même si les peintures n'avaient pas encore été refaites.

Ma demande d'agrément a donc reçu un avis défavorable.

Je me suis permis d'insister et de demander un deuxième dossier. Lorsque je suis venue le chercher, la secrétaire me fusillait des yeux. Elle devait avoir des échos que je n'avais pas encore perçus. Je suppose que j'ai rempli le deuxième dossier et que je l'ai retourné, j'ai un peu oublié les détails car des années ont passé.

J'ai donc été convoquée à la direction parisienne de l'ASE où l'on m'a demandé textuellement « de ne pas déposer mon dossier ». Tout ceci avec beaucoup d'amabilité.

Comme je suis célibataire, on m'a interrogée : « Comment réagirez-vous si Lyes devenait difficile à gérer ? », « Pourquoi vouloir devenir famille d'accueil alors que vous pourriez profiter de votre retraite ? »

On m'a également avertie qu'une famille d'accueil ne peut pas choisir l'enfant qu'elle va garder.

Avec de la bonne volonté, l'ASE aurait pu agir différemment. Avec le salaire que perçoit une famille d'accueil, en complément de ma retraite, je n'aurais pas eu besoin de vendre mon appartement. Je suppose que peu de familles d'accueil sont millionnaires.

Lors d'un précédent entretien, une personne qui m'avait reçue m'a visiblement provoquée pour me faire sortir de mes gonds.

Il se trouve que je n'ai pas perdu mon sang-froid et qu'au bout d'un moment, ne comprenant pas qu'il s'agissait de provocations volontaires pour me tester, je lui ai dit qu'elle était folle. Elle est sortie en fureur de son bureau pour aller se plaindre bruyamment à ses collègues, toutes portes ouvertes.

Cet épisode me fait penser que cette fonctionnaire ne m'a pas fait confiance et a voulu tester son arsenal sadique. Elle est mal tombée, c'est elle qui a perdu la partie.

Je me dis aujourd'hui que ceci explique peut-être cela. Des petits fonctionnaires dominateurs veulent garder leur pouvoir et rares sont ceux qui ont l'intelligence et l'ouverture d'esprit de bien vouloir accepter des solutions disons « hors normes » ou des personnalités qui ne sont pas tout à fait dans le moule.

Autre exemple raconté par Lyes : à sa majorité, il avait le droit de consulter son dossier mais celui-ci était incomplet. Il a fallu l'intervention d'un avocat et du juge pour que la totalité du dossier lui soit communiquée.

La partie concernant une famille d'accueil dangereuse et inapte, choisie sans contrôle ni discernement, avait disparu.

Lyes m'avait parlé de tout ceci de manière fragmentée et il m'a fallu des années pour comprendre l'ensemble de cette histoire monstrueuse : il dormait sur du polyester, mangeait seul quand il mangeait, a été plus ou moins kidnappé, battu…

Des fonctionnaires sont responsables de ce drame. Cette femme sera-t-elle traduite en justice ? L'affaire a été étouffée.

Agathe

ANNEXES

PROPOSITIONS EN FAVEUR DES ENFANTS PLACÉS

1 - Inciter les enquêteurs sociaux à vérifier avec plus de soin les alertes données sous forme d'informations préoccupantes. La moitié des placements pourrait ainsi être évitée.

2 - Débloquer des moyens pour construire d'autres foyers qui permettent de séparer les enfants par tranches d'âge. Il est évident que la mixité pratiquée provoque des rapports de force et crée des situations de maltraitances importantes. Les plus faibles, les plus jeunes, étant la proie des plus forts, les plus âgés.

Idéalement, il faudrait même séparer les garçons des filles pour éviter que ces dernières ne deviennent des victimes sexuelles.

3 - Renforcer les moyens de surveillance la nuit et les week-ends dans les foyers. Recruter des éducateurs spécialisés dans des métiers connexes, créer des postes avec des avantages qui stimulent des vocations.

4 - Permettre à l'enfant de consulter son dossier dès qu'il en fait la demande, de manière à savoir d'où il vient et à trouver des repères, fondamentaux à son équilibre.

5 - Permettre aux enfants placés de constituer des « conseils de la vie sociale » comme il en existe pour les adultes, lesquels leur permettraient de participer aux politiques publiques et à toutes les décisions qui les concernent.

6 - Autoriser les femmes et hommes célibataires sans enfants, ainsi que les couples homosexuels à être familles d'accueil. Élargir le profil des parents d'accueil de façon à multiplier les chances pour les enfants de trouver leur bonheur chez des gens aimants.

7 - Laisser les familles d'accueil choisir les enfants quand elles les connaissent et sont prêtes à les aimer.

8 - Ne pas systématiquement tenir compte du bien-être des parents défaillants aux dépens de leurs enfants.

9 - Ne pas abandonner les enfants placés à leur majorité sans cadre, sans aide. Les accompagner dans leur entrée dans la vie et dans la société pour qu'ils ne restent pas marginaux mais s'intègrent au mieux pour eux-mêmes et pour les autres. Notamment leur garantir des « contrats jeunes majeurs » (18-21 ans).

10 - Ne pas abandonner les mineurs isolés étrangers. Assouplir le cadre législatif qui favorise, par sa limitation à trois ans avant la majorité de présence et de prise en charge sur le territoire pour l'obtention de la nationalité française,

l'enfermement des mineurs dans les centres de rétention administrative, dont les conditions sont connues pour être extrêmement dures.

11 - Assurer une surveillance des familles d'accueil plus régulière pour éviter des cas prolongés de maltraitance.

12 - Organiser des entretiens préalables entre la famille d'accueil et l'enfant afin de vérifier que la compatibilité est suffisante pour une vie commune pacifique et équilibrante pour l'enfant.

13 - Sauf si cela est essentiel au bien-être de l'enfant, interdire le retrait brutal d'un foyer ou d'une famille d'accueil. Rendre obligatoire d'en informer l'enfant au moins un mois avant.

14 - Laisser à l'enfant un minimum d'intimité, notamment lors des visites médicales.

15 - Contrôler davantage les éducateurs spécialisés de façon à empêcher les comportements violents, le harcèlement, ou plus simplement l'inaptitude à s'occuper d'enfants et d'adolescents spéciaux.

16 - Éviter que les moyens alloués à l'Aide sociale à l'enfance ne soient inégaux parce que dépendant des moyens inégaux des régions, comme c'est le cas aujourd'hui. À cet effet, il faudrait harmoniser les moyens donnés à l'ASE par les conseils généraux ou centraliser les moyens au niveau national.

Communiqué datant de juillet 2013 de la Commission nationale consultative des droits de l'homme

Placements d'enfants et assistance éducative : remettre la famille au centre de la réflexion

Lundi 1er juillet 2013. Dans son avis sur le droit de vivre en famille et les placements d'enfants, la CNCDH rappelle que tout doit être fait pour maintenir et préserver, autant que possible, les liens familiaux dans le cadre de la protection de l'enfance et de l'assistance éducative.

En France, environ 273 000 mineurs sont pris en charge par les services de protection de l'enfance des conseils généraux et, parmi eux, environ 134 000 sont placés hors de leur milieu familial, en famille d'accueil ou en établissement, à la suite de décisions administratives ou judiciaires. Ces chiffres sont en augmentation depuis plusieurs années et le nombre de mineurs placés en France est, en proportion, supérieur à celui de nombreux autres pays européens. Or, contrairement à une idée reçue, seuls 20 % des placements sont prononcés pour cause de maltraitances ou de violences sexuelles. En effet, la très large majorité des placements est corrélée à des carences éducatives, et plus largement aux conséquences de la grande pauvreté sur la vie familiale. Si elle ne motive jamais à elle seule la décision, la précarité des familles a une réelle influence sur la mesure prise.

Une loi appliquée inégalement selon les territoires

Dans cet avis, la CNCDH rappelle que la loi du 5 mars 2007 réformant la protection de l'enfance offre un cadre juridique intéressant, mais que la mise en œuvre des dispositifs, en plus d'être insuffisante, est trop disparate d'un département à l'autre. Si les notions utilisées dans le cadre de la protection de l'enfance « informations préoccupantes », « danger », « risque de danger », « intérêt de l'enfant » ont sciemment été laissées à l'appréciation des professionnels, leur donnant la possibilité d'adapter les réponses à chaque situation, des enfants meurent pourtant de maltraitances tandis que d'autres sont placés inutilement, preuves des dysfonctionnements dans les dispositifs. Dans son avis, la CNCDH alerte les pouvoirs publics concernant cette ambivalence et rappelle, à l'instar de Pierre Naves, inspecteur général des affaires sociales, que 50 % des placements d'enfants pourraient être évités.

Penser « famille » : la solution pour sortir de la dualité enfants/parents

La CNCDH demande l'élaboration systématique d'un projet pour l'enfant (PPE) dès le début de la mise en œuvre de la mesure d'assistance éducative. Ce projet, qui a pour but de construire et de rassembler les objectifs et les modalités des différentes interventions socio-éducatives au regard des besoins de l'enfant et de sa famille, doit être construit avec les parents afin qu'il ne leur soit pas imposé. La CNCDH estime qu'il faut soutenir et imaginer des programmes globaux orientés en direction de la famille. Elle recommande donc la mise en œuvre auprès des familles en difficulté de plans d'action intégrant de manière coordonnée l'ensemble des dispositifs de soutien prévu par la réglementation (traitement du mal logement, soutien à la parentalité, accompagnement en économie sociale et familiale, emploi, etc.).

Enfin, la Commission souhaite vivement que l'enfant et ses parents puissent effectivement bénéficier de l'assistance d'un avocat.

En 2006, un rapport de l'Institut national d'études démographique (INED) établissait que 40 % des SDF de 18 à 24 ans étaient issus de l'ASE.

Convention relative aux droits de l'enfant adoptée et ouverte à la signature, ratification et adhésion par l'Assemblée générale dans sa résolution 44/25 du 20 novembre 1989.

Entrée en vigueur le 2 septembre 1990,
conformément à l'article 49

Les États parties à la présente Convention,

Considérant que, conformément aux principes proclamés dans la Charte des Nations unies, la reconnaissance de la dignité inhérente à tous les membres de la famille humaine ainsi que l'égalité et le caractère inaliénable de leurs droits sont le fondement de la liberté, de la justice et de la paix dans le monde, ayant à l'esprit le fait que les peuples des Nations unies ont, dans la Charte, proclamé à nouveau leur foi dans les droits fondamentaux de l'homme et dans la dignité et la valeur de la personne humaine, et qu'ils ont résolu de favoriser le progrès social et d'instaurer de meilleures conditions de vie dans une liberté plus grande,

Reconnaissant que les Nations unies, dans la Déclaration universelle des droits de l'homme et dans les pactes internationaux relatifs aux droits de l'homme, ont proclamé et sont convenues que chacun peut se prévaloir de tous les droits et de toutes les libertés qui y sont énoncés, sans distinction aucune, notamment de race, de couleur, de sexe, de langue, de religion, d'opinion politique ou de toute autre opinion, d'origine nationale ou sociale, de fortune, de naissance ou de toute autre situation,

Rappelant que, dans la Déclaration universelle des droits de l'homme, les Nations unies ont proclamé que l'enfance a droit à une aide et à une assistance spéciales,

Convaincus que la famille, unité fondamentale de la société et milieu naturel pour la croissance et le bien-être de tous ses membres et en particulier des enfants, doit recevoir la protection et l'assistance dont elle a besoin pour pouvoir jouer pleinement son rôle dans la communauté,

Reconnaissant que l'enfant, pour l'épanouissement harmonieux de sa personnalité, doit grandir dans le milieu familial, dans un climat de bonheur, d'amour et de compréhension,

Considérant qu'il importe de préparer pleinement l'enfant à avoir une vie individuelle dans la société, et de l'élever dans l'esprit des idéaux proclamés dans la Charte des Nations unies, et en particulier dans un esprit de paix, de dignité, de tolérance, de liberté, d'égalité et de solidarité,

Ayant à l'esprit que la nécessité d'accorder une protection spéciale à l'enfant a été énoncée dans la Déclaration de Genève de 1924 sur les droits de l'enfant et dans la Déclaration des droits de l'enfant adoptée par l'Assemblée générale le 20 novembre 1959, et qu'elle a été reconnue dans la Déclaration universelle des droits de l'homme, dans le Pacte international relatif aux droits civils et politiques (en particulier aux articles 23 et 24), dans le Pacte international relatif aux droits économiques, sociaux et culturels (en particulier à l'article 10) et dans les statuts et instruments pertinents des institutions spécialisées et des organisations internationales qui se préoccupent du bien-être de l'enfant,

Ayant à l'esprit que, comme indiqué dans la Déclaration des droits de l'enfant, « l'enfant, en raison de son manque de maturité physique et intellectuelle, a besoin d'une protection spéciale et de soins spéciaux, notamment d'une protection juridique appropriée, avant comme après la naissance »,

Rappelant les dispositions de la Déclaration sur les principes sociaux et juridiques applicables à la protection et au bien-être des enfants, envisagés surtout sous l'angle des pratiques en matière d'adoption et de placement familial sur les plans national et international, de l'Ensemble de règles minima des Nations unies concernant l'administration de la justice pour mineurs (Règles de Beijing) et de la Déclaration sur la protection des femmes et des enfants en période d'urgence et de conflit armé,

Reconnaissant qu'il y a dans tous les pays du monde des enfants qui vivent dans des conditions particulièrement difficiles, et qu'il est nécessaire d'accorder à ces enfants une attention particulière,

Tenant dûment compte de l'importance des traditions et valeurs culturelles de chaque peuple dans la protection et le développement harmonieux de l'enfant,

Reconnaissant l'importance de la coopération internationale pour l'amélioration des conditions de vie des enfants dans tous les pays, en particulier dans les pays en développement,

Sont convenus de ce qui suit :

Première partie

Article premier

Au sens de la présente Convention, un enfant s'entend de tout être humain âgé de moins de 18 ans, sauf si la majorité est atteinte plus tôt en vertu de la législation qui lui est applicable.

Article 2

1. Les États parties s'engagent à respecter les droits qui sont énoncés dans la présente Convention et à les garantir à tout enfant relevant de leur juridiction, sans distinction aucune, indépendamment de toute considération de race, de couleur, de sexe, de langue, de religion, d'opinion politique ou autre de l'enfant ou de ses parents ou représentants légaux, de leur origine nationale, ethnique ou sociale, de leur situation de fortune, de leur incapacité, de leur naissance ou de toute autre situation.

2. Les États parties prennent toutes les mesures appropriées pour que l'enfant soit effectivement protégé contre toutes formes de discrimination ou de sanction motivées par la situation juridique, les activités, les opinions déclarées ou les convictions de ses parents, de ses représentants légaux ou des membres de sa famille.

Article 3

1. Dans toutes les décisions qui concernent les enfants, qu'elles soient le fait des institutions publiques ou privées de protection sociale, des tribunaux, des autorités administratives ou des organes législatifs, l'intérêt supérieur de l'enfant doit être une considération primordiale.

2. Les États parties s'engagent à assurer à l'enfant la protection et les soins nécessaires à son bien-être, compte tenu des

droits et des devoirs de ses parents, de ses tuteurs ou des autres personnes légalement responsables de lui, et ils prennent à cette fin toutes les mesures législatives et administratives appropriées.

3. Les États parties veillent à ce que le fonctionnement des institutions, services et établissements qui ont la charge des enfants et assurent leur protection soit conforme aux normes fixées par les autorités compétentes, particulièrement dans le domaine de la sécurité et de la santé et en ce qui concerne le nombre et la compétence de leur personnel ainsi que l'existence d'un contrôle approprié.

Article 4

Les États parties s'engagent à prendre toutes les mesures législatives, administratives et autres qui sont nécessaires pour mettre en œuvre les droits reconnus dans la présente Convention. Dans le cas des droits économiques, sociaux et culturels, ils prennent ces mesures dans toutes les limites des ressources dont ils disposent et, s'il y a lieu, dans le cadre de la coopération internationale.

Article 5

Les États parties respectent la responsabilité, le droit et le devoir qu'ont les parents ou, le cas échéant, les membres de la famille élargie ou de la communauté, comme prévu par la coutume locale, les tuteurs ou autres personnes légalement responsables de l'enfant, de donner à celui-ci, d'une manière qui corresponde au développement de ses capacités, l'orientation et les conseils appropriés à l'exercice des droits que lui reconnaît la présente Convention.

Article 6

1. Les États parties reconnaissent que tout enfant a un droit inhérent à la vie.

2. Les États parties assurent dans toute la mesure possible la survie et le développement de l'enfant.

Article 7

1. L'enfant est enregistré aussitôt sa naissance et a dès celle-ci le droit à un nom, le droit d'acquérir une nationalité et, dans la mesure du possible, le droit de connaître ses parents et d'être élevé par eux.

2. Les États parties veillent à mettre ces droits en œuvre conformément à leur législation nationale et aux obligations que leur imposent les instruments internationaux applicables en la matière, en particulier dans les cas où faute de cela l'enfant se trouverait apatride.

Article 8

1. Les États parties s'engagent à respecter le droit de l'enfant de préserver son identité, y compris sa nationalité, son nom et ses relations familiales, tels qu'ils sont reconnus par la loi, sans ingérence illégale. 2. Si un enfant est illégalement privé des éléments constitutifs de son identité ou de certains d'entre eux, les États parties doivent lui accorder une assistance et une protection appropriées, pour que son identité soit rétablie aussi rapidement que possible.

Article 9

1. Les États parties veillent à ce que l'enfant ne soit pas séparé de ses parents contre leur gré, à moins que les autorités compétentes ne décident, sous réserve de révision judiciaire et conformément aux lois et procédures applicables, que cette séparation est nécessaire dans l'intérêt supérieur de l'enfant. Une décision en ce sens peut être nécessaire dans certains cas particuliers, par exemple lorsque les parents maltraitent ou négligent l'enfant, ou lorsqu'ils vivent séparément et qu'une

décision doit être prise au sujet du lieu de résidence de l'enfant.

2. Dans tous les cas prévus au paragraphe 1 du présent article, toutes les parties intéressées doivent avoir la possibilité de participer aux délibérations et de faire connaître leurs vues.

3. Les États parties respectent le droit de l'enfant séparé de ses deux parents ou de l'un d'eux d'entretenir régulièrement des relations personnelles et des contacts directs avec ses deux parents, sauf si cela est contraire à l'intérêt supérieur de l'enfant.

4. Lorsque la séparation résulte de mesures prises par un État partie, telles que la détention, l'emprisonnement, l'exil, l'expulsion ou la mort (y compris la mort, quelle qu'en soit la cause, survenue en cours de détention) des deux parents ou de l'un d'eux, ou de l'enfant, l'État partie donne sur demande aux parents, à l'enfant ou, s'il y a lieu, à un autre membre de la famille les renseignements essentiels sur le lieu où se trouvent le membre ou les membres de la famille, à moins que la divulgation de ces renseignements ne soit préjudiciable au bien-être de l'enfant. Les États parties veillent en outre à ce que la présentation d'une telle demande n'entraîne pas en elle-même de conséquences fâcheuses pour la personne ou les personnes intéressées.

Article 10

1. Conformément à l'obligation incombant aux États parties en vertu du paragraphe 1 de l'article 9, toute demande faite par un enfant ou ses parents en vue d'entrer dans un État partie ou de le quitter aux fins de réunification familiale est considérée par les États parties dans un esprit positif, avec humanité et diligence. Les États par-

ties veillent en outre à ce que la présentation d'une telle demande n'entraîne pas de conséquences fâcheuses pour les auteurs de la demande et les membres de leur famille.

2. Un enfant dont les parents résident dans des États différents a le droit d'entretenir, sauf circonstances exceptionnelles, des relations personnelles et des contacts directs réguliers avec ses deux parents. À cette fin, et conformément à l'obligation incombant aux États parties en vertu du paragraphe 1 de l'article 9, les États parties respectent le droit qu'ont l'enfant et ses parents de quitter tout pays, y compris le leur, et de revenir dans leur propre pays. Le droit de quitter tout pays ne peut faire l'objet que des restrictions prescrites par la loi qui sont nécessaires pour protéger la sécurité nationale, l'ordre public, la santé ou la moralité publiques, ou les droits et libertés d'autrui, et qui sont compatibles avec les autres droits reconnus dans la présente Convention.

Article 11

1. Les États parties prennent des mesures pour lutter contre les déplacements et les non-retours illicites d'enfants à l'étranger.

2. À cette fin, les États parties favorisent la conclusion d'accords bilatéraux ou multilatéraux ou l'adhésion aux accords existants.

Article 12

1. Les États parties garantissent à l'enfant qui est capable de discernement le droit d'exprimer librement son opinion sur toute question l'intéressant, les opinions de l'enfant étant dûment prises en considération eu égard à son âge et à son degré de maturité.

2. À cette fin, on donnera notamment à l'enfant la possibilité d'être entendu dans toute procédure judiciaire ou administrative l'intéressant, soit directement, soit par l'intermédiaire d'un représentant ou d'une organisation approprié, de façon compatible avec les règles de procédure de la législation nationale.

Article 13

1. L'enfant a droit à la liberté d'expression. Ce droit comprend la liberté de rechercher, de recevoir et de répandre des informations et des idées de toute espèce, sans considération de frontières, sous une forme orale, écrite, imprimée ou artistique, ou par tout autre moyen du choix de l'enfant.

2. L'exercice de ce droit ne peut faire l'objet que des seules restrictions qui sont prescrites par la loi et qui sont nécessaires :

a) au respect des droits ou de la réputation d'autrui ; ou

b) à la sauvegarde de la sécurité nationale, de l'ordre public, de la santé ou de la moralité publiques.

Article 14

1. Les États parties respectent le droit de l'enfant à la liberté de pensée, de conscience et de religion.

2. Les États parties respectent le droit et le devoir des parents ou, le cas échéant, des représentants légaux de l'enfant, de guider celui-ci dans l'exercice du droit susmentionné d'une manière qui corresponde au développement de ses capacités.

3. La liberté de manifester sa religion ou ses convictions ne peut être soumise qu'aux seules restrictions qui sont prescrites par la loi et qui sont nécessaires pour préserver la sûreté publique, l'ordre public, la santé et la moralité publiques, ou les libertés et droits fondamentaux d'autrui.

Article 15

1. Les États parties reconnaissent les droits de l'enfant à la liberté d'association et à la liberté de réunion pacifique.

2. L'exercice de ces droits ne peut faire l'objet que des seules restrictions qui sont prescrites par la loi et qui sont nécessaires dans une société démocratique, dans l'intérêt de la sécurité nationale, de la sûreté publique ou de l'ordre public, ou pour protéger la santé ou la moralité publiques, ou les droits et libertés d'autrui.

Article 16

1. Nul enfant ne fera l'objet d'immixtions arbitraires ou illégales dans sa vie privée, sa famille, son domicile ou sa correspondance, ni d'atteintes illégales à son honneur et à sa réputation. 2. L'enfant a droit à la protection de la loi contre de telles immixtions ou de telles atteintes.

Article 17

Les États parties reconnaissent l'importance de la fonction remplie par les médias et veillent à ce que l'enfant ait accès à une information et à des matériels provenant de sources nationales et internationales diverses, notamment ceux qui visent à promouvoir son bien-être social, spirituel et moral ainsi que sa santé physique et mentale. À cette fin, les États parties :

a) encouragent les médias à diffuser une information et des matériels qui présentent une utilité sociale et culturelle pour l'enfant et répondent à l'esprit de l'article 29 ;

b) encouragent la coopération internationale en vue de produire, d'échanger et de diffuser une information et des matériels de ce type provenant de différentes sources culturelles, nationales et internationales ;

c) encouragent la production et la diffusion de livres pour enfants ;

d) encouragent les médias à tenir particulièrement compte des besoins linguistiques des enfants autochtones ou appartenant à un groupe minoritaire ;

e) favorisent l'élaboration de principes directeurs appropriés destinés à protéger l'enfant contre l'information et les matériels qui nuisent à son bien-être, compte tenu des dispositions des articles 13 et 18.

Article 18

1. Les États parties s'emploient de leur mieux à assurer la reconnaissance du principe selon lequel les deux parents ont une responsabilité commune pour ce qui est d'élever l'enfant et d'assurer son développement. La responsabilité d'élever l'enfant et d'assurer son développement incombe au premier chef aux parents ou, le cas échéant, à ses représentants légaux. Ceux-ci doivent être guidés avant tout par l'intérêt supérieur de l'enfant.

2. Pour garantir et promouvoir les droits énoncés dans la présente Convention, les États parties accordent l'aide appropriée aux parents et aux représentants légaux de l'enfant dans l'exercice de la responsabilité qui leur incombe d'élever l'enfant et assurent la mise en place d'institutions, d'établissements et de services chargés de veiller au bien-être des enfants.

3. Les États parties prennent toutes les mesures appropriées pour assurer aux enfants dont les parents travaillent le droit de bénéficier des services et établissements de garde d'enfants pour lesquels ils remplissent les conditions requises.

Article 19

1. Les États parties prennent toutes les mesures législatives, administratives, sociales et éducatives appropriées pour protéger l'enfant contre toute forme de violence, d'atteinte ou de brutalités physiques ou mentales, d'abandon ou de négligence, de mauvais traitements ou d'exploitation, y compris la violence sexuelle, pendant qu'il est sous la garde de ses parents ou de l'un d'eux, de son ou ses représentants légaux ou de toute autre personne à qui il est confié.

2. Ces mesures de protection doivent comprendre, selon qu'il conviendra, des procédures efficaces pour l'établissement de programmes sociaux visant à fournir l'appui nécessaire à l'enfant et à ceux à qui il est confié, ainsi que pour d'autres formes de prévention, et aux fins d'identification, de rapport, de renvoi, d'enquête, de traitement et de suivi pour les cas de mauvais traitements de l'enfant décrits ci-dessus, et comprendre également, selon qu'il conviendra, des procédures d'intervention judiciaire.

Article 20

1. Tout enfant qui est temporairement ou définitivement privé de son milieu familial, ou qui dans son propre intérêt ne peut être laissé dans ce milieu, a droit à une protection et une aide spéciales de l'État.

2. Les États parties prévoient pour cet enfant une protection de remplacement conforme à leur législation nationale.

3. Cette protection de remplacement peut notamment avoir la forme du placement dans une famille, de la kafala de droit islamique, de l'adoption ou, en cas de nécessité, du placement dans un établissement pour enfants approprié. Dans le choix entre ces solutions, il est dûment tenu compte

de la nécessité d'une certaine continuité dans l'éducation de l'enfant, ainsi que de son origine ethnique, religieuse, culturelle et linguistique.

Article 21

Les États parties qui admettent et/ou autorisent l'adoption s'assurent que l'intérêt supérieur de l'enfant est la considération primordiale en la matière, et :

a) veillent à ce que l'adoption d'un enfant ne soit autorisée que par les autorités compétentes, qui vérifient, conformément à la loi et aux procédures applicables et sur la base de tous les renseignements fiables relatifs au cas considéré, que l'adoption peut avoir lieu eu égard à la situation de l'enfant par rapport à ses père et mère, parents et représentants légaux et que, le cas échéant, les personnes intéressées ont donné leur consentement à l'adoption en connaissance de cause, après s'être entourées des avis nécessaires ;

b) reconnaissent que l'adoption à l'étranger peut être envisagée comme un autre moyen d'assurer les soins nécessaires à l'enfant, si celui-ci ne peut, dans son pays d'origine, être placé dans une famille nourricière ou adoptive ou être convenablement élevé ;

c) veillent, en cas d'adoption à l'étranger, à ce que l'enfant ait le bénéfice de garanties et de normes équivalant à celles existant en cas d'adoption nationale ;

d) prennent toutes les mesures appropriées pour veiller à ce que, en cas d'adoption à l'étranger, le placement de l'enfant ne se traduise pas par un profit matériel indu pour les personnes qui en sont responsables ;

e) poursuivent les objectifs du présent article en concluant des arrangements ou des accords bilatéraux ou multilatéraux, selon les cas, et s'efforcent dans ce cadre de veiller à ce que les placements d'enfants à l'étranger soient effectués par des autorités ou des organes compétents.

Article 22

1. Les États parties prennent les mesures appropriées pour qu'un enfant qui cherche à obtenir le statut de réfugié ou qui est considéré comme réfugié en vertu des règles et procédures du droit international ou national applicable, qu'il soit seul ou accompagné de ses père et mère ou de toute autre personne, bénéficie de la protection et de l'assistance humanitaire voulues pour lui permettre de jouir des droits que lui reconnaissent la présente Convention et les autres instruments internationaux relatifs aux droits de l'homme ou de caractère humanitaire auxquels lesdits États sont parties.

2. À cette fin, les États parties collaborent, selon qu'ils le jugent nécessaire, à tous les efforts faits par l'Organisation des Nations unies et les autres organisations intergouvernementales ou non gouvernementales compétentes collaborant avec l'Organisation des Nations unies pour protéger et aider les enfants qui se trouvent en pareille situation et pour rechercher les père et mère ou autres membres de la famille de tout enfant réfugié en vue d'obtenir les renseignements nécessaires pour le réunir à sa famille. Lorsque ni le père, ni la mère, ni aucun autre membre de la famille ne peut être retrouvé, l'enfant se voit accorder, selon les principes énoncés dans la présente Convention, la même protection que tout autre enfant définitivement ou temporairement privé de son milieu familial pour quelque raison que ce soit.

Article 23

1. Les États parties reconnaissent que les enfants mentalement ou physiquement handicapés doivent mener une vie

pleine et décente, dans des conditions qui garantissent leur dignité, favorisent leur autonomie et facilitent leur participation active à la vie de la collectivité.

2. Les États parties reconnaissent le droit à des enfants handicapés de bénéficier de soins spéciaux et encouragent et assurent, dans la mesure des ressources disponibles, l'octroi, sur demande, aux enfants handicapés remplissant les conditions requises et à ceux qui en ont la charge, d'une aide adaptée à l'état de l'enfant et à la situation de ses parents ou de ceux à qui il est confié.

3. Eu égard aux besoins particuliers des enfants handicapés, l'aide fournie conformément au paragraphe 2 du présent article est gratuite chaque fois qu'il est possible, compte tenu des ressources financières de leurs parents ou de ceux à qui l'enfant est confié, et elle est conçue de telle sorte que les enfants handicapés aient effectivement accès à l'éducation, à la formation, aux soins de santé, à la rééducation, à la préparation à l'emploi et aux activités récréatives, et bénéficient de ces services de façon propre à assurer une intégration sociale aussi complète que possible et leur épanouissement personnel, y compris dans le domaine culturel et spirituel.

4. Dans un esprit de coopération internationale, les États parties favorisent l'échange d'informations pertinentes dans le domaine des soins de santé préventifs et du traitement médical, psychologique et fonctionnel des enfants handicapés, y compris par la diffusion d'informations concernant les méthodes de rééducation et les services de formation professionnelle, ainsi que l'accès à ces données, en vue de permettre aux États parties d'améliorer leurs capacités et leurs compétences et d'élargir leur expérience dans ces domaines. À cet égard, il est tenu particulièrement compte des besoins des pays en développement.

Article 24

1. Les États parties reconnaissent le droit de l'enfant de jouir du meilleur état de santé possible et de bénéficier de services médicaux et de rééducation. Ils s'efforcent de garantir qu'aucun enfant ne soit privé du droit d'avoir accès à ces services.

2. Les États parties s'efforcent d'assurer la réalisation intégrale du droit susmentionné et, en particulier, prennent les mesures appropriées pour :

a) réduire la mortalité parmi les nourrissons et les enfants ;

b) assurer à tous les enfants l'assistance médicale et les soins de santé nécessaires, l'accent étant mis sur le développement des soins de santé primaires ;

c) lutter contre la maladie et la malnutrition, y compris dans le cadre de soins de santé primaires, grâce notamment à l'utilisation de techniques aisément disponibles et à la fourniture d'aliments nutritifs et d'eau potable, compte tenu des dangers et des risques de pollution du milieu naturel ;

d) assurer aux mères des soins prénatals et postnatals appropriés ;

e) faire en sorte que tous les groupes de la société, en particulier les parents et les enfants, reçoivent une information sur la santé et la nutrition de l'enfant, les avantages de l'allaitement au sein, l'hygiène et la salubrité de l'environnement et la prévention des accidents, et bénéficient d'une aide leur permettant de mettre à profit cette information ;

f) développer les soins de santé préventifs, les conseils aux parents et l'éducation et les services en matière de planification familiale.

3. Les États parties prennent toutes les mesures efficaces appropriées en vue d'abolir les pratiques traditionnelles préjudiciables à la santé des enfants.

4. Les États parties s'engagent à favoriser et à encourager la coopération internationale en vue d'assurer progressivement la pleine réalisation du droit reconnu dans le présent article. À cet égard, il est tenu particulièrement compte des besoins des pays en développement.

Article 25

Les États parties reconnaissent à l'enfant qui a été placé par les autorités compétentes pour recevoir des soins, une protection ou un traitement physique ou mental, le droit à un examen périodique dudit traitement et de toute autre circonstance relative à son placement.

Article 26

1. Les États parties reconnaissent à tout enfant le droit de bénéficier de la sécurité sociale, y compris les assurances sociales, et prennent les mesures nécessaires pour assurer la pleine réalisation de ce droit en conformité avec leur législation nationale.

2. Les prestations doivent, lorsqu'il y a lieu, être accordées compte tenu des ressources et de la situation de l'enfant et des personnes responsables de son entretien, ainsi que de toute autre considération applicable à la demande de prestation faite par l'enfant ou en son nom.

Article 27

1. Les États parties reconnaissent le droit de tout enfant à un niveau de vie suffisant pour permettre son développement physique, mental, spirituel, moral et social.

2. C'est aux parents ou autres personnes ayant la charge de l'enfant qu'incombe au premier chef la responsabilité d'assurer, dans les limites de leurs possibilités et de leurs

moyens financiers, les conditions de vie nécessaires au développement de l'enfant.

3. Les États parties adoptent les mesures appropriées, compte tenu des conditions nationales et dans la mesure de leurs moyens, pour aider les parents et autres personnes ayant la charge de l'enfant à mettre en œuvre ce droit et offrent, en cas de besoin, une assistance matérielle et des programmes d'appui, notamment en ce qui concerne l'alimentation, le vêtement et le logement.

4. Les États parties prennent toutes les mesures appropriées en vue d'assurer le recouvrement de la pension alimentaire de l'enfant auprès de ses parents ou des autres personnes ayant une responsabilité financière à son égard, que ce soit sur leur territoire ou à l'étranger. En particulier, pour tenir compte des cas où la personne qui a une responsabilité financière à l'égard de l'enfant vit dans un État autre que celui de l'enfant, les États parties favorisent l'adhésion à des accords internationaux ou la conclusion de tels accords ainsi que l'adoption de tous autres arrangements appropriés.

Article 28

1. Les États parties reconnaissent le droit de l'enfant à l'éducation, et en particulier, en vue d'assurer l'exercice de ce droit progressivement et sur la base de l'égalité des chances :

a) ils rendent l'enseignement primaire obligatoire et gratuit pour tous ;

b) ils encouragent l'organisation de différentes formes d'enseignement secondaire, tant général que professionnel, les rendent ouvertes et accessibles à tout enfant, et prennent des mesures appropriées, telles que l'instauration de la gratuité de l'enseignement et l'offre d'une aide financière en cas de besoin ;

c) ils assurent à tous l'accès à l'enseignement supérieur, en fonction des capacités de chacun, par tous les moyens appropriés ;

d) ils rendent ouvertes et accessibles à tout enfant l'information et l'orientation scolaires et professionnelles ;

e) ils prennent des mesures pour encourager la régularité de la fréquentation scolaire et la réduction des taux d'abandon scolaire.

2. Les États parties prennent toutes les mesures appropriées pour veiller à ce que la discipline scolaire soit appliquée d'une manière compatible avec la dignité de l'enfant en tant qu'être humain et conformément à la présente Convention.

3. Les États parties favorisent et encouragent la coopération internationale dans le domaine de l'éducation, en vue notamment de contribuer à éliminer l'ignorance et l'analphabétisme dans le monde et de faciliter l'accès aux connaissances scientifiques et techniques et aux méthodes d'enseignement modernes. À cet égard, il est tenu particulièrement compte des besoins des pays en développement.

Article 29

Observation générale sur son application

1. Les États parties conviennent que l'éducation de l'enfant doit viser à :

a) favoriser l'épanouissement de la personnalité de l'enfant et le développement de ses dons et de ses aptitudes mentales et physiques, dans toute la mesure de leurs potentialités ;

b) inculquer à l'enfant le respect des droits de l'homme et des libertés fondamentales, et des principes consacrés dans la Charte des Nations unies ;

c) inculquer à l'enfant le respect de ses parents, de son identité, de sa langue et de ses valeurs culturelles, ainsi que le respect des valeurs nationales du pays dans lequel il vit, du pays duquel il peut être originaire et des civilisations différentes de la sienne ;

d) préparer l'enfant à assumer les responsabilités de la vie dans une société libre, dans un esprit de compréhension, de paix, de tolérance, d'égalité entre les sexes et d'amitié entre tous les peuples et groupes ethniques, nationaux et religieux, et avec les personnes d'origine autochtone ;

e) inculquer à l'enfant le respect du milieu naturel.

2. Aucune disposition du présent article ou de l'article 28 ne sera interprétée d'une manière qui porte atteinte à la liberté des personnes physiques ou morales de créer et de diriger des établissements d'enseignement, à condition que les principes énoncés au paragraphe 1 du présent article soient respectés et que l'éducation dispensée dans ces établissements soit conforme aux normes minimales que l'État aura prescrites.

Article 30

Dans les États où il existe des minorités ethniques, religieuses ou linguistiques ou des personnes d'origine autochtone, un enfant autochtone ou appartenant à une de ces minorités ne peut être privé du droit d'avoir sa propre vie culturelle, de professer et de pratiquer sa propre religion ou d'employer sa propre langue en commun avec les autres membres de son groupe.

Article 31

1. Les États parties reconnaissent à l'enfant le droit au repos et aux loisirs, de se livrer au jeu et à des activités

récréatives propres à son âge et de participer librement à la vie culturelle et artistique.

2. Les États parties respectent et favorisent le droit de l'enfant de participer pleinement à la vie culturelle et artistique et encouragent l'organisation à son intention de moyens appropriés de loisirs et d'activités récréatives, artistiques et culturelles, dans des conditions d'égalité.

Article 32

1. Les États parties reconnaissent le droit de l'enfant d'être protégé contre l'exploitation économique et de n'être astreint à aucun travail comportant des risques ou susceptible de compromettre son éducation ou de nuire à sa santé ou à son développement physique, mental, spirituel, moral ou social.

2. Les États parties prennent des mesures législatives, administratives, sociales et éducatives pour assurer l'application du présent article. À cette fin, et compte tenu des dispositions pertinentes des autres instruments internationaux, les États parties, en particulier :

a) Fixent un âge minimum ou des âges minimums d'admission à l'emploi ;

b) Prévoient une réglementation appropriée des horaires de travail et des conditions d'emploi ;

c) Prévoient des peines ou autres sanctions appropriées pour assurer l'application effective du présent article.

Article 33

Les États parties prennent toutes les mesures appropriées, y compris des mesures législatives, administratives, sociales et éducatives, pour protéger les enfants contre l'usage illicite de stupéfiants et de substances psychotropes, tels que les définissent les conventions internationales pertinentes, et pour empêcher que des enfants ne soient utilisés pour la production et le trafic illicites de ces substances.

Article 34

Les États parties s'engagent à protéger l'enfant contre toutes les formes d'exploitation sexuelle et de violence sexuelle. À cette fin, les États prennent en particulier toutes les mesures appropriées sur les plans national, bilatéral et multilatéral pour empêcher :

a) que des enfants ne soient incités ou contraints à se livrer à une activité sexuelle illégale ;

b) que des enfants ne soient exploités à des fins de prostitution ou autres pratiques sexuelles illégales ;

c) que des enfants ne soient exploités aux fins de la production de spectacles ou de matériel de caractère pornographique.

Article 35

Les États parties prennent toutes les mesures appropriées sur les plans national, bilatéral et multilatéral pour empêcher l'enlèvement, la vente ou la traite d'enfants à quelque fin que ce soit et sous quelque forme que ce soit.

Article 36

Les États parties protègent l'enfant contre toutes autres formes d'exploitation préjudiciables à tout aspect de son bien-être.

Article 37

Les États parties veillent à ce que :

a) nul enfant ne soit soumis à la torture ni à des peines ou traitements cruels, inhumains ou dégradants. Ni la peine capitale ni l'emprisonnement à vie sans possibilité de libération ne doivent être prononcés pour les infractions commises par des personnes âgées de moins de 18 ans ;

b) nul enfant ne soit privé de liberté de façon illégale ou arbitraire. L'arrestation, la détention ou l'emprisonnement d'un enfant doit être en conformité avec la loi, n'être qu'une mesure de dernier ressort, et être d'une durée aussi brève que possible ;

c) tout enfant privé de liberté soit traité avec humanité et avec le respect dû à la dignité de la personne humaine, et d'une manière tenant compte des besoins des personnes de son âge. En particulier, tout enfant privé de liberté sera séparé des adultes, à moins que l'on estime préférable de ne pas le faire dans l'intérêt supérieur de l'enfant, et il a le droit de rester en contact avec sa famille par la correspondance et par les visites, sauf circonstances exceptionnelles ;

d) les enfants privés de liberté aient le droit d'avoir rapidement accès à l'assistance juridique ou à toute autre assistance appropriée, ainsi que le droit de contester la légalité de leur privation de liberté devant un tribunal ou une autre autorité compétente, indépendante et impartiale, et à ce qu'une décision rapide soit prise en la matière.

Article 38

1. Les États parties s'engagent à respecter et à faire respecter les règles du droit humanitaire international qui leur sont applicables en cas de conflit armé et dont la protection s'étend aux enfants.

2. Les États parties prennent toutes les mesures possibles dans la pratique pour veiller à ce que les personnes n'ayant pas atteint l'âge de 15 ans ne participent pas directement aux hostilités.

3. Les États parties s'abstiennent d'enrôler dans leurs forces armées toute personne n'ayant pas atteint l'âge de 15 ans. Lorsqu'ils incorporent des personnes de plus de 15 ans mais de moins de 18 ans, les États parties s'efforcent d'enrôler en priorité les plus âgées.

4. Conformément à l'obligation qui leur incombe en vertu du droit humanitaire international de protéger la population civile en cas de conflit armé, les États parties prennent toutes les mesures possibles dans la pratique pour que les enfants qui sont touchés par un conflit armé bénéficient d'une protection et de soins.

Article 39

Les États parties prennent toutes les mesures appropriées pour faciliter la réadaptation physique et psychologique et la réinsertion sociale de tout enfant victime de toute forme de négligence, d'exploitation ou de sévices, de torture ou de toute autre forme de peines ou traitements cruels, inhumains ou dégradants, ou de conflit armé. Cette réadaptation et cette réinsertion se déroulent dans des conditions qui favorisent la santé, le respect de soi et la dignité de l'enfant.

Article 40

1. Les États parties reconnaissent à tout enfant suspecté, accusé ou convaincu d'infraction à la loi pénale le droit à un traitement qui soit de nature à favoriser son sens de la dignité et de la valeur personnelle, qui renforce son respect pour les droits de l'homme et les libertés fondamentales d'autrui, et qui tienne compte de son âge ainsi que de la nécessité de faciliter sa réintégration dans la société et de lui faire assumer un rôle constructif au sein de celle-ci.

2. À cette fin, et compte tenu des dispositions pertinentes des instruments internationaux, les États parties veillent en particulier :

a) à ce qu'aucun enfant ne soit suspecté, accusé ou convaincu d'infraction à la loi pénale en raison d'actions ou d'omissions qui n'étaient pas interdites par le droit national ou international au moment où elles ont été commises ;

b) à ce que tout enfant suspecté ou accusé d'infraction à la loi pénale ait au moins le droit aux garanties suivantes :

I) être présumé innocent jusqu'à ce que sa culpabilité ait été légalement établie ;

II) être informé dans le plus court délai et directement des accusations portées contre lui, ou, le cas échéant, par l'intermédiaire de ses parents ou représentants légaux, et bénéficier d'une assistance juridique ou de toute autre assistance appropriée pour la préparation et la présentation de sa défense ;

III) que sa cause soit entendue sans retard par une autorité ou une instance judiciaire compétentes, indépendantes et impartiales, selon une procédure équitable aux termes de la loi, en présence de son conseil juridique ou autre et, à moins que cela ne soit jugé contraire à l'intérêt supérieur de l'enfant en raison notamment de son âge ou de sa situation, en présence de ses parents ou représentants légaux ;

IV) ne pas être contraint de témoigner ou de s'avouer coupable ; interroger ou faire interroger les témoins à charge, et obtenir la comparution et l'interrogatoire des témoins à décharge dans des conditions d'égalité ;

V) s'il est reconnu avoir enfreint la loi pénale, faire appel de cette décision et de toute mesure arrêtée en conséquence devant une autorité ou une instance judiciaire supérieure compétentes, indépendantes et impartiales, conformément à la loi ;

VI) se faire assister gratuitement d'un interprète s'il ne comprend ou ne parle pas la langue utilisée ;

VII) que sa vie privée soit pleinement respectée à tous les stades de la procédure.

3. Les États parties s'efforcent de promouvoir l'adoption de lois, de procédures, la mise en place d'autorités et d'institutions spécialement conçues pour les enfants suspectés, accusés ou convaincus d'infraction à la loi pénale, et en particulier :

a) d'établir un âge minimum au-dessous duquel les enfants seront présumés n'avoir pas la capacité d'enfreindre la loi pénale ;

b) de prendre des mesures, chaque fois que cela est possible et souhaitable, pour traiter ces enfants sans recourir à la procédure judiciaire, étant cependant entendu que les droits de l'homme et les garanties légales doivent être pleinement respectés.

4. Toute une gamme de dispositions, relatives notamment aux soins, à l'orientation et à la supervision, aux conseils, à la probation, au placement familial, aux programmes d'éducation générale et professionnelle et aux solutions autres qu'institutionnelles seront prévues en vue d'assurer aux enfants un traitement conforme à leur bien-être et proportionné à leur situation et à l'infraction.

Article 41

Aucune des dispositions de la présente Convention ne porte atteinte aux dispositions plus propices à la réalisation des droits de l'enfant qui peuvent figurer :

a) dans la législation d'un État partie ; ou

b) dans le droit international en vigueur pour cet État.

Deuxième partie

Article 42

Les États parties s'engagent à faire largement connaître les principes et les dispositions de la présente Convention, par des moyens actifs et appropriés, aux adultes comme aux enfants.

Article 43

1. Aux fins d'examiner les progrès accomplis par les États parties dans l'exécution des obligations contractées par eux en vertu de la présente Convention, il est institué un Comité des droits de l'enfant qui s'acquitte des fonctions définies ci-après.

2. Le Comité se compose de dix-huit experts de haute moralité et possédant une compétence reconnue dans le domaine visé par la présente Convention. Ses membres sont élus par les États parties parmi leurs ressortissants et siègent à titre personnel, compte tenu de la nécessité d'assurer une répartition géographique équitable et eu égard aux principaux systèmes juridiques.

3. Les membres du Comité sont élus au scrutin secret sur une liste de personnes désignées par les États parties. Chaque État partie peut désigner un candidat parmi ses ressortissants.

4. La première élection aura lieu dans les six mois suivant la date d'entrée en vigueur de la présente Convention. Les élections auront lieu ensuite tous les deux ans. Quatre mois au moins avant la date de chaque élection, le secrétaire général de l'Organisation des Nations unies invitera par écrit les États parties à proposer leurs candidats dans un délai de deux mois. Le secrétaire général dressera ensuite la liste

alphabétique des candidats ainsi désignés, en indiquant les États parties qui les ont désignés, et la communiquera aux États parties à la présente Convention.

5. Les élections ont lieu lors des réunions des États parties, convoquées par le secrétaire général au Siège de l'Organisation des Nations unies. À ces réunions, pour lesquelles le quorum est constitué par les deux tiers des États parties, les candidats élus au Comité sont ceux qui obtiennent le plus grand nombre de voix et la majorité absolue des voix des représentants des États parties présents et votants.

6. Les membres du Comité sont élus pour quatre ans. Ils sont rééligibles si leur candidature est présentée à nouveau. Le mandat de cinq des membres élus lors de la première élection prend fin au bout de deux ans. Les noms de ces cinq membres seront tirés au sort par le président de la réunion immédiatement après la première élection.

7. En cas de décès ou de démission d'un membre du Comité, ou si, pour toute autre raison, un membre déclare ne plus pouvoir exercer ses fonctions au sein du Comité, l'État partie qui avait présenté sa candidature nomme un autre expert parmi ses ressortissants pour pourvoir le poste ainsi vacant jusqu'à l'expiration du mandat correspondant, sous réserve de l'approbation du Comité.

8. Le Comité adopte son règlement intérieur.

9. Le Comité élit son bureau pour une période de deux ans.

10. Les réunions du Comité se tiennent normalement au Siège de l'Organisation des Nations unies, ou en tout autre lieu approprié déterminé par le Comité. Le Comité se réunit normalement chaque année. La durée de ses sessions est déterminée et modifiée, si nécessaire, par une réunion des États parties à la présente Convention, sous réserve de l'approbation de l'Assemblée générale.

11. Le secrétaire général de l'Organisation des Nations unies met à la disposition du Comité le personnel et les installations qui lui sont nécessaires pour s'acquitter efficacement des fonctions qui lui sont confiées en vertu de la présente Convention.

12. Les membres du Comité institué en vertu de la présente Convention reçoivent, avec l'approbation de l'Assemblée générale, des émoluments prélevés sur les ressources de l'Organisation des Nations unies dans les conditions et selon les modalités fixées par l'Assemblée générale.

Article 44

1. Les États parties s'engagent à soumettre au Comité, par l'entremise du secrétaire général de l'Organisation des Nations unies, des rapports sur les mesures qu'ils auront adoptées pour donner effet aux droits reconnus dans la présente Convention et sur les progrès réalisés dans la jouissance de ces droits :

a) dans les deux ans à compter de la date de l'entrée en vigueur de la présente Convention pour les États parties intéressés ;

b) par la suite, tous les cinq ans.

2. Les rapports établis en application du présent article doivent, le cas échéant, indiquer les facteurs et les difficultés empêchant les États parties de s'acquitter pleinement des obligations prévues dans la présente Convention. Ils doivent également contenir des renseignements suffisants pour donner au Comité une idée précise de l'application de la Convention dans le pays considéré.

3. Les États parties ayant présenté au Comité un rapport initial complet n'ont pas, dans les rapports qu'ils lui présentent ensuite conformément à l'alinéa b du paragraphe 1

du présent article, à répéter les renseignements de base antérieurement communiqués.

4. Le Comité peut demander aux États parties tous renseignements complémentaires relatifs à l'application de la Convention.

5. Le Comité soumet tous les deux ans à l'Assemblée générale, par l'entremise du Conseil économique et social, un rapport sur ses activités.

6. Les États parties assurent à leurs rapports une large diffusion dans leur propre pays.

Article 45

Pour promouvoir l'application effective de la Convention et encourager la coopération internationale dans le domaine visé par la Convention :

a) les institutions spécialisées, le Fonds des Nations unies pour l'enfance et d'autres organes des Nations unies ont le droit de se faire représenter lors de l'examen de l'application des dispositions de la présente Convention qui relèvent de leur mandat. Le Comité peut inviter les institutions spécialisées, le Fonds des Nations unies pour l'enfance et tous autres organismes qu'il jugera appropriés à donner des avis spécialisés sur l'application de la Convention dans les domaines qui relèvent de leurs mandats respectifs. Il peut inviter les institutions spécialisées, le Fonds des Nations unies pour l'enfance et d'autres organes des Nations unies à lui présenter des rapports sur l'application de la Convention dans les secteurs qui relèvent de leur domaine d'activité ;

b) le Comité transmet, s'il le juge nécessaire, aux institutions spécialisées, au Fonds des Nations unies pour l'enfance et aux autres organismes compétents tout rapport des États parties contenant une demande ou indiquant un besoin de conseils ou d'assistance techniques, accompagné, le cas échéant, des observations et suggestions du Comité touchant ladite demande ou indication ;

c) le Comité peut recommander à l'Assemblée générale de prier le secrétaire général de procéder pour le Comité à des études sur des questions spécifiques touchant les droits de l'enfant ;

d) le Comité peut faire des suggestions et des recommandations d'ordre général fondées sur les renseignements reçus en application des articles 44 et 45 de la présente Convention. Ces suggestions et recommandations d'ordre général sont transmises à tout État partie intéressé et portées à l'attention de l'Assemblée générale, accompagnées, le cas échéant, des observations des États parties.

Troisième partie

Article 46

La présente Convention est ouverte à la signature de tous les États.

Article 47

La présente Convention est sujette à ratification. Les instruments de ratification seront déposés auprès du secrétaire général de l'Organisation des Nations unies.

Article 48

La présente Convention restera ouverte à l'adhésion de tout État. Les instruments d'adhésion seront déposés auprès du Secrétaire général de l'Organisation des Nations unies.

Article 49

1. La présente Convention entrera en vigueur le trentième jour qui suivra la date du dépôt auprès du secrétaire général de l'Organisation des Nations unies du vingtième instrument de ratification ou d'adhésion.

2. Pour chacun des États qui ratifieront la présente Convention ou y adhéreront après le dépôt du vingtième instrument de ratification ou d'adhésion, la Convention entrera en vigueur le trentième jour qui suivra le dépôt par cet État de son instrument de ratification ou d'adhésion.

Article 50

1. Tout État partie peut proposer un amendement et en déposer le texte auprès du secrétaire général de l'Organisation des Nations unies. Le secrétaire général communique alors la proposition d'amendement aux États parties, en leur demandant de lui faire savoir s'ils sont favorables à la convocation d'une conférence des États parties en vue de l'examen de la proposition et de sa mise aux voix. Si, dans les quatre mois qui suivent la date de cette communication, un tiers au moins des États parties se prononcent en faveur de la convocation d'une telle conférence, le secrétaire général convoque la conférence sous les auspices de l'Organisation des Nations unies. Tout amendement adopté par la majorité des États parties présents et votants à la conférence est soumis pour approbation à l'Assemblée générale de l'Organisation des Nations unies.

2. Tout amendement adopté conformément aux dispositions du paragraphe 1 du présent article entre en vigueur lorsqu'il a été approuvé par l'Assemblée générale des Nations unies et accepté par une majorité des deux tiers des États parties.

3. Lorsqu'un amendement entre en vigueur, il a force obligatoire pour les États parties qui l'ont accepté, les autres États parties demeurant liés par les dispositions de la présente Convention et par tous amendements antérieurs acceptés par eux.

Article 51

1. Le secrétaire général de l'Organisation des Nations unies recevra et communiquera à tous les États le texte des réserves qui auront été faites par les États au moment de la ratification ou de l'adhésion.
2. Aucune réserve incompatible avec l'objet et le but de la présente Convention n'est autorisée.
3. Les réserves peuvent être retirées à tout moment par notification adressée au secrétaire général de l'Organisation des Nations unies, lequel en informe tous les États parties à la Convention. La notification prend effet à la date à laquelle elle est reçue par le secrétaire général.

Article 52

Tout État partie peut dénoncer la présente Convention par notification écrite adressée au secrétaire général de l'Organisation des Nations unies. La dénonciation prend effet un an après la date à laquelle la notification a été reçue par le secrétaire général.

Article 53

Le secrétaire général de l'Organisation des Nations unies est désigné comme dépositaire de la présente Convention.

Article 54

L'original de la présente Convention, dont les textes anglais, arabe, chinois, espagnol, français et russe font également foi, sera déposé auprès du secrétaire général de l'Organisation des Nations unies.

EN FOI DE QUOI les plénipotentiaires soussignés, dûment habilités par leurs gouvernements respectifs, ont signé la présente Convention.

Remerciements

Je remercie Sandie Cajuste pour son soutien de chaque instant. Tu as été mon unique lumière pendant des années.

Merci à Mme Moussa Mébarka de m'avoir rendu à la vie. Je t'aime.

Merci à Marie-Hélène Vergniol, une présence et un pilier dont je ne pourrai jamais me passer. C'est comme un fils que je t'aime.

Merci à Zineb Doulfikar de croire en moi.

Merci à Stéphanie Bosc-Marchietti pour son ouverture d'esprit et pour le formidable travail qu'elle mène auprès des enfants.

Un merci tout spécial à Sophie Blandinières pour son écoute, sa détermination et son amitié. Tu comptes tellement pour moi.

Dans l'enfer des foyers

Merci à Samira Bellil d'avoir osé partager son témoignage plein d'espoir qui m'a éclairé à une période sombre de ma vie.

Merci aux membres de Ni Putes Ni Soumises, Jean-François, Diaryatou, Fanny, Mariam, Solène, Gabrielle qui m'ont tant appris.

Merci aux éducateurs qui ont croisé ma route et qui ont su trouver les bons mots. Vous avez été rares, mais tellement précieux.

Table

Composition et mise en pages
Nord Compo à Villeneuve-d'Ascq

Cet ouvrage a été imprimé
en décembre 2014 par

CPI
FIRMIN-DIDOT

27650 Mesnil-sur-l'Estrée
N° d'édition : L.01ELKN000448.A005
N° d'impression : 126002
Dépôt légal : avril 2014

Imprimé en France